BLACK SWAN | 黑天鹅图书

为 人 生 提 供 领 跑 世 界 的 力 量

BLACK SWAN

创业就是要细分垄断

李开复　汪华　傅盛◀著

本质上来说创业就是奔着垄断去的。

——汪华

目 录

THE FIRST CHAPTER

第一章

互联网创业基本法则：成为细分市场垄断者

第二章
创业就是奔着垄断去的

第三章

创业公司到底做什么

PREFACE

序言

李开复

创新工场董事长兼首席执行官

创业的路途是充满挑战的，创业者也是非常孤单的，很多事情要自己扛着。每一个创业者也是有短板的，在某些领域是缺乏经验也缺乏资源的，会遇到各种各样的山峰与深坑。要翻过去、跨过去，还是绕过去？有没有时间绕过去？采用什么方法、借用什么工具，可以最快速、最省力地翻越或跨越这些艰难险阻？全部靠自己单打独斗、摸索实验肯定不是最佳答案。

其实，除了理想、胆略、眼光、术业有专攻、个人魅力以外，创业者最需要的资源就是创业成功的投资人作为导师，为创业者们投入时间、金钱与指导，还有同领域、跨领域创业者之间的合作与联盟。

创新工场为创业者设计的公益训练营，通过兄弟会、群英会、新锐营的形式，每年招募、招集互联网领域的创业者成为训练营成员，再找来真心的导师——非常愿意并能非常客观地面对面解答学员面临的问题，对创业过程中必须面对的战略方向、融资架构、产品定位、品牌塑造、企业文化、人才激励、用户运营、危机公关、财税筹划等重要课题做深入讲解和分析。通过实战案例的互动与碰撞，让学员为自己的创业项目找到实用的方法和方案。

学员在几个月的时间里，通过学习与训练，可以把产品做得更好，把公司管理得更好。通过向导师、投资人的项目展示及深度交流，学员能够获得与投资人的紧密连接和精准投资，拿到更高的估值和更好的融资。学员之间则通过几个月在一起的学习、互动、沟通，结下了兄弟友谊，建立了合作共赢通道，彼此扶持，共同成长。结伴而行，创业路上不再孤单。

但是中国这么大，创业者这么多，大众创业已经兴起，更多的创业者还在孤单前行。怎样让没有来到创业训练营的创业者也能受到启发、获得帮助，这本书就是我们为创业者打造的一个工具，也是我们对创业生态圈贡献的一份力量。

在这里，我、汪华以及傅盛针对创业公司如何确定战略、方向的根本问题讲出了我们的方法和看法。我讲了创业领域里的一条重要规律——幂定律，幂定律是创业过程中融资、战略、人才各方面都存在的定律。了解这一定律，才有机会在创业一开始就成为垄断者，从非常小的专注点做起，并在垄断形成后快速扩张，做大一个潜在的市场，成就一家伟大的公司。

汪华讲的“从小垄断到大垄断”告诉我们，互联网时代垄断有多重要。今天创业环境下的市场，具有扁平、混乱、变化的特征，因为互联网的进入，原来不可能产生垄断的领域现在变得能够产生垄断了。创业者就是要做“天下大乱”中的“农民起义军”，趁势而起，抓住新垄断产生的时机，建立壁垒，快速增长、快速扩张，直至垄断整个市场，实现从小垄断到大垄断的完美目标。汪华也告诉我们建立垄断的要素、方法和步骤，从哪些维度去建立垄断，怎样借助杠杆的力量实现真正的大垄断。

创业公司要追求差异化，依靠优秀的战略、严密的执行力取胜。傅盛通过亲身经历的实战案例总结出了战略三步曲：预测、破局点、all in（全力而为），以及过程中的操作方法，听过、读到的创业者一定会获益匪浅。

为梦想艰苦奋斗的创业者们，可以阅读学习这本根据创业训练营授课内容及案例分析呈现的实战手册，或者关注创新工场举办的“新锐营”及创新工场、真格基金、隆领投资举办的“群英会”，通过报名、筛选、面试、录取等流程，就可能成为与导师面对面、与同学兄弟情的光荣学员了！

THE FIRST CHAPTER

第一章

互联网创业基本法则：成为细分市场垄断者

李开复

创业是一将功成万骨枯，平均值毫无意义

我们从小到大看到的种种现象，大部分都是呈正态分布的。比如，我们上学的时候，每一次考试都有平均分；你年纪大还是小，智商高还是低，都有一个平均值。

但是，正态分布对创业者做的事情是没有意义的。如果用正态分布的思维来想问题——平均水平的创业者是什么样子的，平均水平的人才是什么样子的，平均水平的产品是什么样子的……觉得自己只要比“平均水平”好 30%、50% 就够了，那你就一定失败。

创业中使用正态分布没有意义，那什么是有意义的呢？幂定律。幂定律就是 X 的负一次方，即 X 分之一。

它跟正态分布完全相反，正态分布的意思很容易理解，就是都在中间，极端的情况很少。幂定律告诉我们其实没有什么平均值，平均值是没有意义的。只有极少数是特别特别伟大的，其他的都可以忽略，这就是幂定律。它的 Y 值是 X 分之一，所以你在接近零分之一的时候就是无限大，一千分之一、一万分之一都可以忽略，就这么简单。

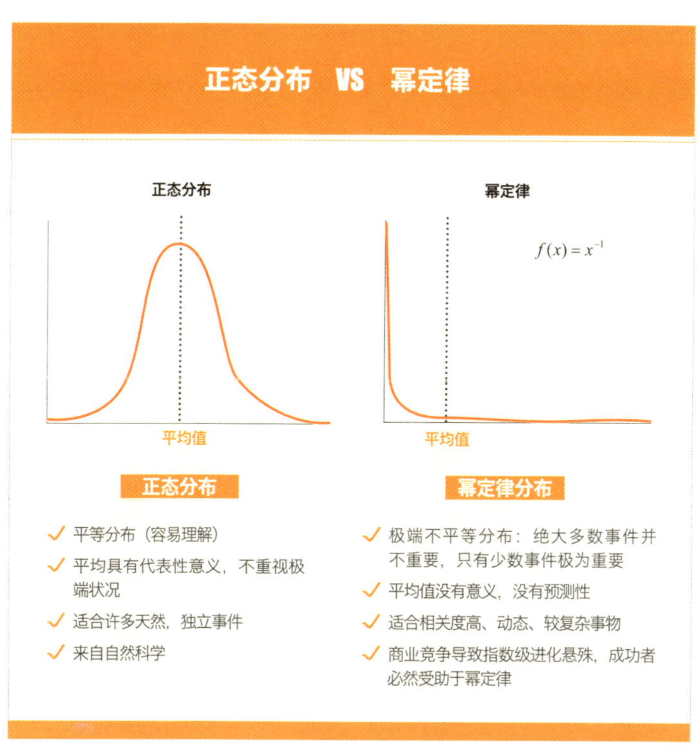

图 1–1

我用实际的例子来解释一下平均值，如果一群创业者的平均身高是 168cm，把姚明算进来，这群人的平均身高也就多 2cm 左右，和之前差别不大。

图 1–2

假设这群人的平均身价是 30 万美元，如果把比尔·盖茨加进去，那他们的平均收入可能就变成 1000 万美元了，但能说这群人的身价达到 1000 万美元了吗？不能。只有比尔·盖茨是身价极高的，其他人都是微不足道的，这其实就是幂定律的简单例子。

创业中有三件关键的事情：投资、战略、人才，都存在幂定律。

资本追逐幂定律，VC赌的是超级冠军

首先，资本是追逐幂定律的。一个风险投资基金它的实际回报从第一年排到最后，一定是图 1-3 橘色的这条实线。今天一些比较不错的基金，都是因为有一个项目的回报特别巨大，把它的整体回报拉升了。绝对不能说 DCM 平均给我们四倍回报，它投的就都是回报接近四倍的公司，实际上是有一家回报几十上百倍的公司把大家的值拉高了。

创新工场五年基金的实际回报情况是，最高的回报是 200 倍，还有很多一倍的没有得到下一轮投资，还有少数是零倍的。创新工场投资的公司的估值有很高的，达到几十亿的，也有几亿的，就是超级冠军引领了整个的投资基金。因此，创业者应该考虑下 VC（Venture Capital，风险投资，简称 VC）的思维模式，因为创业者是跟 VC 要钱的，VC 怎么

想跟创业者该怎么做有很大的关系。从 VC 的角度来说如果只有一家是特别棒的，投资靠“撒胡椒面”的模式是不行的。“撒胡椒面”的第一个问题是，一大堆公司的回报率都很低；第二个问题是，就算有一个项目很棒，VC 只占 5% 的份额，投资回报额也不够大。所以 VC，尤其是投早期的 VC，对两三倍的回报率是没有兴趣的。

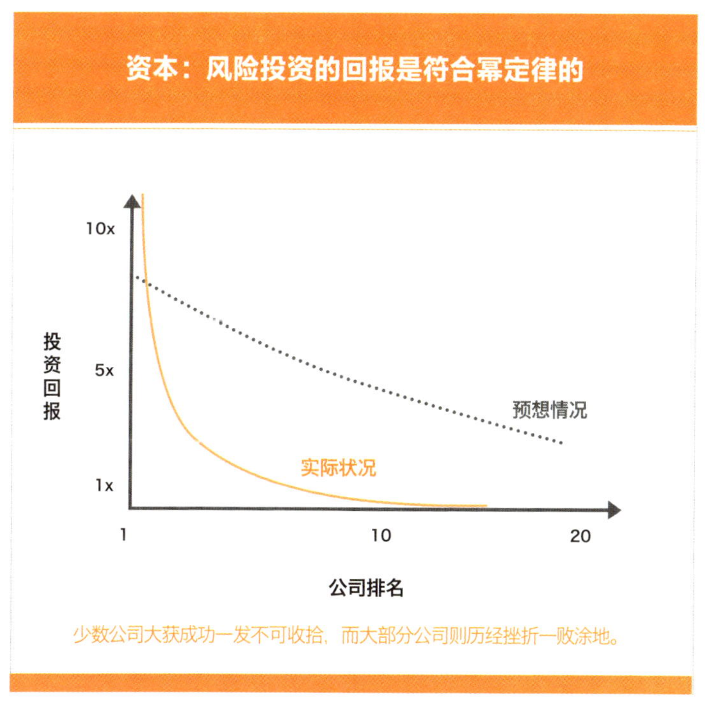

图 1–3

VC 的模式很简单，找最好的 idea 投一次还不够，还要投第二次、第三次。好不容易有市场验证了，如果不多砸一点钱进去，它撒钱在里面是不值得的。

假如蔡文胜投了你的天使轮、A 轮后，觉得你的项目真的很棒，第三轮想多投资些，你千万不要拒绝他，甚至拉别的投资进来，因为蔡文胜正在表示对你的超级认可。如果以后你融资，可以跟别人说蔡文胜连投我们三轮，对你是非常加分的。千万不要贪图很多个 VC，多有多的好处，但是如果有一个 VC 非常看重你的项目，要投两三轮的话，一定要给他投资的机会。

其实 VC 对一个公司的期望很简单，希望通过这一项投资可以把整个基金的投入收回来。如果是一个 2 亿美元的基金，投了你 200 万，那你最好给它一百倍的回报率，这样，VC 就会对你特别好。但你同时要意识到，这其实是非常艰难的。

有一个我们创新工场投资的项目创始人来找我，想要跟我道歉。他说："开复，你投了 400 万，我们只给你回报了 500 万，基本上没赚钱。"他为什么这样说？我们投的时候认为他有机会成为黑马，我们赌了一下，他也赌了一下，最后没成功，那就赌下一次。因为每个创业者第二次、第三次创业成功的概率会更高。

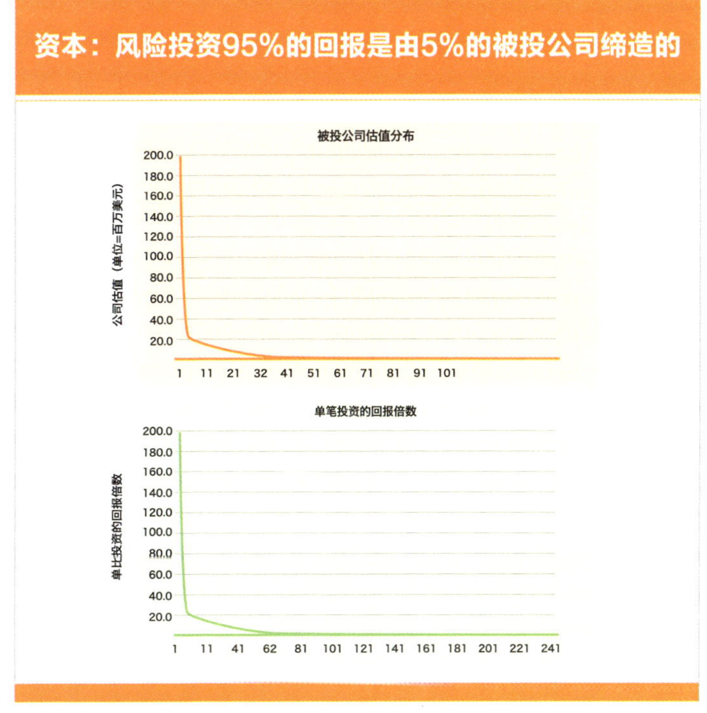

图 1–4

很多创业者还是有点儿借钱的心态，觉得自己拿了 VC 的钱，赔掉了真不好意思。其实不是这样的，VC 不是银行，而是赌创业者会成功。赌的时候 95% 都会错，这是正常的。创业者下一次可以再给 VC 赌赢的机会。

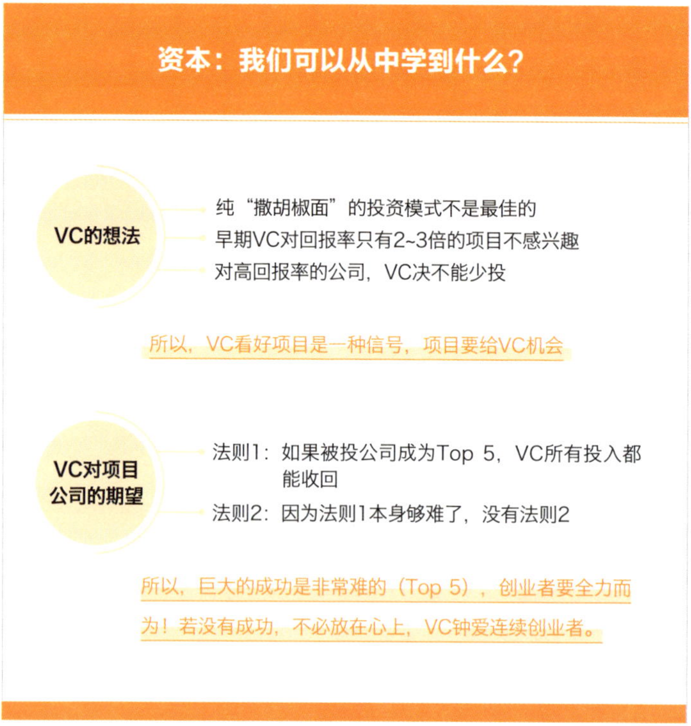

资本：我们可以从中学到什么？

VC的想法

- 纯“撒胡椒面”的投资模式不是最佳的
- 早期VC对回报率只有2~3倍的项目不感兴趣
- 对高回报率的公司，VC决不能少投

所以，VC看好项目是一种信号，项目要给VC机会

VC对项目公司的期望

- 法则1：如果被投公司成为Top 5，VC所有投入都能收回
- 法则2：因为法则1本身够难了，没有法则2

所以，巨大的成功是非常难的（Top 5），创业者要全力而为！若没有成功，不必放在心上，VC钟爱连续创业者。

图 1–5

垄断才是互联网创业的核心

其次，战略选择也是符合幂定律的。看看不同的行业，你会发现几乎每个领域都是幂定律在起作用。图 1–6 中，左上角是智能手机各类操作系统的销售分布图，左下角是搜索领域的市场排名，右上角是电商类的销售额排名，这些领域中都只有一家做得特别大，第二家马马虎虎存活下来，其他的根本一文不值。这几张图告诉我们，不要觉得互联网倡导自由平等，人人都有机会，对于用户来说可能是这样的，但是对于一个公司，细分领域里做不到第一名，就什么都不是。

当然，并不是说每个公司都要做搜索领域的第一名，有很多领域可以细分，每个人都有机会。我们假设一年半之后能够获得一笔很大的融资，差不多 2000 万美元。那么，过去取得 2000 万美元融资的公司有什么特点呢？它们要么已经是垄断者，要么就是领域内的前两名，有机会成为垄断者，VC才会狠狠地砸钱下去。如果没有机会成为垄断者的话，2000万融资就跟你说再见了，这是非常现实的。

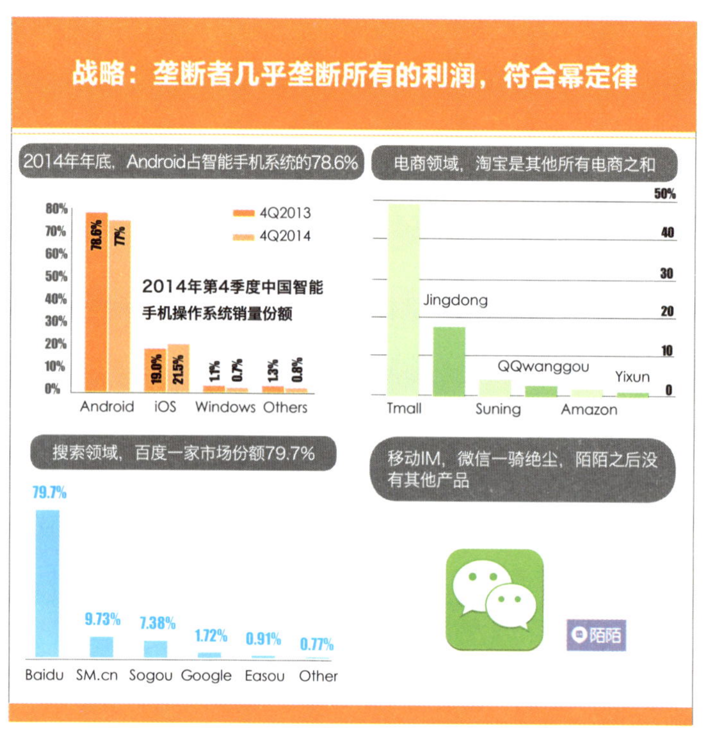

图 1–6

教科书上的垄断理论其实在互联网经济中是不成立的。以图 1–7 为例，绿线是用户需求，价钱越高用户越不愿意买，绿色区域代表大量消费者愿意为这个产品支付的价格。浅一些的紫线代表产品供应商愿意用多少钱生产多少产品来卖，生产得越多，成本自然越低，供应商就愿意以更低的价格出售。

图 1-7 中红色的圆点是最好的交界点，代表卖的人和买的人达成了共识。如果有一个人垄断了市场会怎么样？卖方就变成了深紫色的那条线，没有人跟他竞争，他就把价格提高。商品定价 200 元时能卖出 1800 多份，300 元时能卖出 1400 份，而后者的利润更高，那卖方就会用垄断的优势来坑买方的钱。所以 MBA 的教材写着，垄断者会向消费者乱收钱，欺负其他的供应商。

但是，垄断者绝对不是坏人，而且所有创业者都要逼自己成为垄断者，这样才能融到 2000 万美元，才能成为顶尖者，才能让自己的公司成为领域内最棒的。凭自己功夫打拼出来的垄断，和凭借政府许可等方式达成的资源性垄断是不一样的，前者是伟大的、值得竖大拇指的。

如果一个公司可以让 100 个投资人追捧，那么它就很可能成为一个垄断性的公司，因为它的产品太棒了，棒到别人几乎没有办法提供和它一样好的解决方案。这才是我们要做的垄断者，而不是那个垄断资源、欺负人的垄断者。

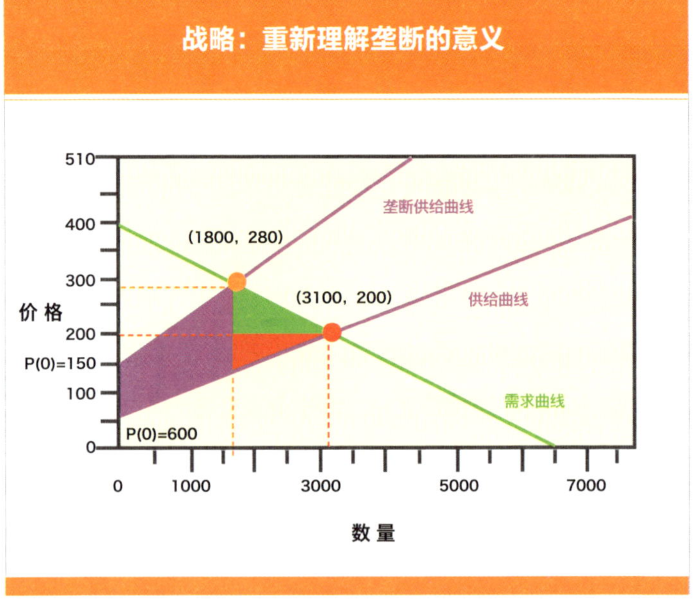

图 1–7

在互联网领域，垄断才是核心，而不是竞争。创业公司要找到一个细分市场，然后垄断它，再逐渐地扩大。这样做对消费者是好还是不好呢？其实图 1–7 不太符合互联网经济的市场情况，因为它一定存在价格，而互联网的市场不见得有价格存在，互联网的收费模式可能是滞后于商业模式的。此外，互联网的技术变得太快，可能今天你是垄断者，明天就变了。比如，QQ 曾经是即时通信领域的垄断者，但微信出来后就变了。又比如，E–mail 以前是垄断者，但是现在大家不用 E-mail 了，都用微信，所以垄断是可以被颠覆的。互联网创业不是做资源，而是做技术，技术不断有后浪推前浪。

互联网领域要垄断怎么做呢？第一，先要找到一个非常细分的领域，成为这个领域的垄断者。亚马逊刚成立的时候，它会研究什么东西最能够卖得出去，因为书能够保存、不容易坏掉，所以它最开始卖书。书卖了一年，第二年它有没有卖别的东西呢？没有。第三年也没有，第四年还没有。为什么呢？因为它还没有拿到垄断地位。创业者在创业时一定要把某样东西真的垄断了，再做下一件事。因为创业的时候，专注是非常重要的。一开始什么都做，最后什么都做不好。

我在美国碰到过一个创业者，他说："开复老师，我的项目在三个领域里排名全国第三，为什么拿不到融资？"答案很简单，你为什么不在一个领域里做成第一名呢？他说："VC 都是这么说的，我以为你作为一个博士会有不同的想法。"我说："VC 说得都对呀！先把一个第一做到了，再做第二个、第三个。很多人用传统的正态分布思维做事情，总想这边赚 1000 万，那边赚 1000 万，另一边再赚 1000 万，加起来就是 3000 万甚至 5000 万了。但如果你用幂定律思维考虑，你就要狠狠地成为某一个领域的第一。当然这个领域是什么，你首先要想好。”

创业者要非常深度地去分析，政策也好，资源也好，变化也好。假如你看到电商要移动化了，或者看到上海会成立自由贸易区，那就意味着你可以卖奶粉或者卖汽油了；假如你看到严惩酒驾的政策，就会意识到代驾是很好的机会……你利用这种敏锐的意识赶紧跳进一个领域，成为这个领域的第一名。当然，这个分析要花费时间和头脑，怎么去垄断这个小阵地，也是需要迭代方法的。

不是说你一跳进去就要做电商，成为中国前十名的电商，这没有意义。创新工场投资了一家公司叫“要出发”，它现在可能是中国前十名的旅游网站，但这一点其实没有意义。它的价值不是成为前十名的旅游网站，而是它研究了旅游网站的各种可能性后，选择了“周末在城市周边驾车旅行”的模式，它要成为这个领域的第一。

“要出发”是要做驾车旅游领域的第一吗？并不是，那个领域太大了。“要出发”的创始人丁根芳最初只在广州附近非常低调地成为驾车旅游领域的第一，这点做成后，就有一批风险投资来支持他，比如红杉资本等。“要出发”慢慢扩张到杭州，再扩张到其他城市，一步一步慢慢打。丁根芳做

“要出发”的时候，是不是先做一个网站，直接卖给个人用户呢？也不是。他非常专注，找了最便宜的流量来源，去跟团购网站合作，趁着团购火热的时候掌握了大量酒店客房资源，做企业的生意。丁根芳专注到什么程度？他不做网站，不做任何非驾车旅游的方向，并且先在广州和杭州做扎实，再慢慢扩展出去。

所以每个创业者都要分析机会，寻找一个可以做到小垄断的领域。找到小垄断领域以后，就要让量涨起来。在现在的投资环境下，缓慢地成长是不够的，需要以二次方的速度成长，才能够拿到更好的投资。垄断者要在四个方面具有优势，否则垄断是支持不下去的。这四个优势分别是：技术、网络效应、品牌和规模经济。

亚马逊主要是靠技术的优势，做成一个非常好的卖书的品牌。但是这个公司叫“亚马逊”，不叫“书店”，贝佐斯创业的野心是非常巨大的，他要做世界最大的电子商务公司，跟马云的阿里巴巴是一样的，所以他起了“亚马逊”这个名字。但是他最开始只卖书，直到靠卖书形成了非常强大的垄断，才开始卖别的东西。卖什么呢？一定要在卖书的基础上做横向的扩张或者纵向的扩张。还有什么产品买书的人也会买呢？贝佐斯想到了卖 DVD 一类的东西。他就这样进行扩张，达到一个小垄断。要巩固小垄断，还要快速再成长。最终越做越大，形成一个生态圈来保护垄断。

小米这一点做得很好，它形成了一个非常强大的生态圈。小米主要做手机，但外面有个护城河——投资各种硬件来保护它自己，并且建立了一个生态圈商店，里头有各种不同的东西，这样它才能够成为一家伟大的互联网公司。

图 1–8

我们从商业史中能学到这几点：第一，如果你的公司成为一个垄断性的公司，它的价值会比其他所有竞争对手加起来都要大无数倍：第二,一定要从非常小的专注点做起，其他的事情不要做；第三，成功者一般会经历图 1-8 中的五个步骤。

可能很多人觉得，涌出一堆垄断者，创业者的日子会越来越不好过。其实一点儿都不用担心，因为历史告诉我们，任何一个垄断的巨头都会被其他的后来者颠覆，因为科技的进步速度比任何事物都快。

我们曾经以为微软的操作系统是不可被颠覆的，但是因为谷歌买了安卓操作系统应用到手机里，微软就要被颠覆了。我们曾经以为 IBM 的主型机是无法被颠覆的，但居然被一个小小的 PC 颠覆了。所以，科技的发展速度是越来越快，我们不用担心那么多，把创业做好、垄断做好，做到上市，赚到钱，成为价值上亿美元的公司，就算你被人颠覆了也没关系，你做出一家伟大的公司，可以再做出第二家。

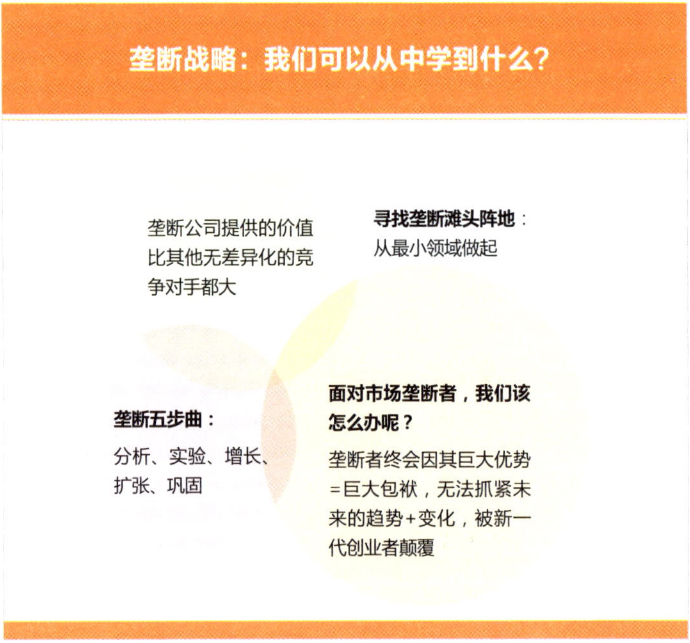

垄断战略：我们可以从中学到什么？

垄断公司提供的价值比其他无差异化的竞争对手都大

寻找垄断滩头阵地：从最小领域做起

面对市场垄断者，我们该怎么办呢？

垄断者终会因其巨大优势=巨大包袱，无法抓紧未来的趋势+变化，被新一代创业者颠覆

垄断五步曲：

分析、实验、增长、扩张、巩固

图 1–9

顶尖人才决定企业成败

最后，人才更是符合幂定律的。传统教育强调平均分数，以此判断你是好学生还是坏学生，这在商业领域里基本没用。有的人平均分数不值一提，但他是改变世界的人。所以我们在评判人才的时候，千万不要在乎他到底考了 93 分还是 95 分，多的这 2 分又能代表什么呢？甚至只考了 60 分的人，如果是个极端的人才，他就是改变世界的创业者、工程师、产品经理、投资人，这种人才能够决定企业的方向与成败。

举几个例子，有个人叫戴维·魏泽（David Weise），是我在微软的一个员工。有一次，我裁了 70 个员工，被 CEO 史蒂夫·鲍尔默（Steve Ballmer）抓去狠狠地骂了一顿。我说裁员并没有做错，史蒂夫说："你裁员虽然没做错，但是你惹火了一个人，他的朋友被你裁掉了。"这个人是谁呀？就是戴

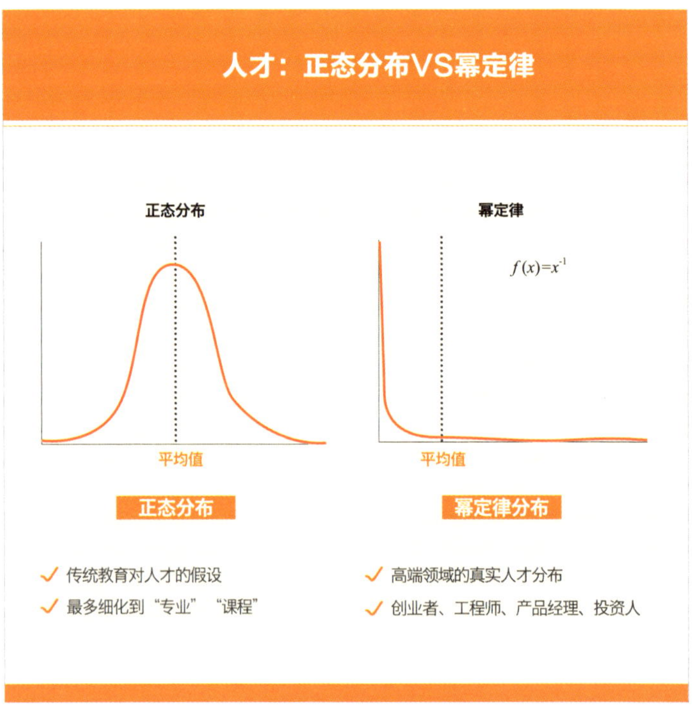

图 1–10

维，他是拯救微软的员工。以前微软 Windows 是没有 protect memory 的，运行一个 App 整个系统就崩溃了，数据都消失了，差点儿要败给 IBM。戴维用一个周末的时间发明了一个方法来解决这个问题，让 Windows 能够生存下去。所以，被他这样一个顶尖人才责备我也能够接受。

我在 CMU（卡内基梅隆大学）时有一个同学，艾维·特凡尼安（Avie Tevanian），他是真正拯救苹果的两个人之一。乔布斯得到了所有的荣耀，但实际上把操作系统做好的是艾维。当年比尔·盖茨想要做世界上最棒的操作系统，他知道 CMU 有一个牛人叫马克，他就把马克整个团队的人都挖走了——除了一个人，他还没有写完论文，那个人就是艾维。比尔·盖茨犯了一个巨大的错误，他把艾维留在了 CMU，后来艾维被乔布斯挖走了，去了 NeXT，改变了苹果。今天我们用的 Mac OS 系统就是艾维一个人做成的，所以他很伟大、很厉害。

谷歌的创始人拉里·佩奇和谢尔盖·布林都是斯坦福的博士，但他俩代码写得比较烂，今天在谷歌内部完全看不到他俩写的代码了。谷歌的代码全部被一个天才重写了，这个天才就是杰夫·迪恩（Jeff Dean）。他重写的代码让谷歌搜索引擎的运行速度变快了几百倍，还发明了好多系统。

在工业社会中，一个最好的、最有效率的工人或许比一个一般的工人能多生产 20%~30% 的产品。但是，在信息社会中，一个最好的软件研发人员，能够比一个一般的人员多做出 500% 甚至 1000% 的工作。

李开复《我的人才观》

创业者首先要成为这样厉害的人，其次要去挖这样的人为己所用。可能有的人会说，中国没有这么顶尖的人才，我们可以用人海战术，用十个还不错的工程师替代一个顶尖人才。

这样的做法是不对的。我举两个例子。第一个例子，GIF快手有1300万的日活用户，它为什么这么厉害？其实，它以前只有60多万的日活，后来挖了一个来自谷歌的超级高手。GIF快手给出了有史以来最多的股份，这个高手成为最大的股东，甚至超过原来的CEO。但是这个高手在一年内把60多万日活增加到1300万，如果你是GIF快手的CEO，你觉得值吗？你是想要拥有一家市值1000万美元公司60%的股份，还是做出一家价值10亿美元的公司，虽然你只拥有20%的股份呢？这个账很容易算明白。所以创业者遇到一个厉害的人才时，要提出非常好的条件让他加入你的公司。

第二个例子，我的一个好朋友找到了一个技术牛人，花了一个半月的时间三顾茅庐，终于把那个人才挖过来。他花了45天去说服那个人才，给了很好的待遇，像合伙人地位、公司股份等。后来，那个人才用一周时间研发出的技术超过了别的公司五年的成果。

我一直非常相信顶尖人才的价值，创业者在创业初期甚至要花一半的工作时间去挖人，一定要把最棒的人留在自己身边，如果比自己还厉害就更好了。创业者招每一个员工时，不要觉得这个人过线了，我就让他进来吧；创业者应该希望公司雇的每一个人都能提高公司的平均水平，而不是公司十个人，他能力排第九就可以。你挖人才的时候不能只靠钱，虽然钱、股份很重要，你还要能够讲出公司的愿景，让他们知道，在你的公司里他们可以扮演伟大的角色，甚至让公司变得更伟大。

人才：我们可以从中学到什么？

CEO应该花30%以上的时间在人才上

招聘目标不是超过最低期望，而是提升平均水平
清晰描述公司愿景，让每个人知道自己的关键性
打造公司品牌形象，对针对性人物有吸引力

公司小的时候

最早的一批人定义了公司文化
对于超级员工：不要吝啬股份

公司大一点以后

深度认识你的核心员工（10%）
当心经理“填满办公室”的心态
善待离职员工，未来或许会回来+为了公司形象

管理聪明人的方法：你想怎么被管理，就怎么管理人

放权，不要做微观管理，让员工成为自己的 CEO
用 OKR（目标与关键成果法），让员工自定义工作目标，并透明分享

图 1-11

公司规模还小的时候，最早的一批员工会定义公司的文化，“PayPal 黑帮”就是这样的。公司长大一点之后，创始人一定要知道 10% 的核心员工是谁，这些人一个也不能流失。

创始人还要当心一点，当你让以挖人为目的的经理人负责招聘时，公司的水平就会下降。有句话是这样说的：“一流的人雇一流的人才，二流的人雇三流的人才。”所以，当你让一个二流的人进入公司甚至负责招聘时，公司的水平就会走下坡路。创始人至少要对核心团队——工程师团队、产品团队等负责，抱着只招一流人才的信念。如果有员工离职了，一定要善待他们，一是他们有一天可能再回来，二是影响到你的公司的外部形象。

我自己做了很多年管理，用一句话总结就是：“你想怎样被管理，就怎样去管理人。”对于人才，幂定律非常重要，但还有一个定律更重要，那就是你要爱你的员工。

人才：幂定律虽然重要，但爱你的员工更重要

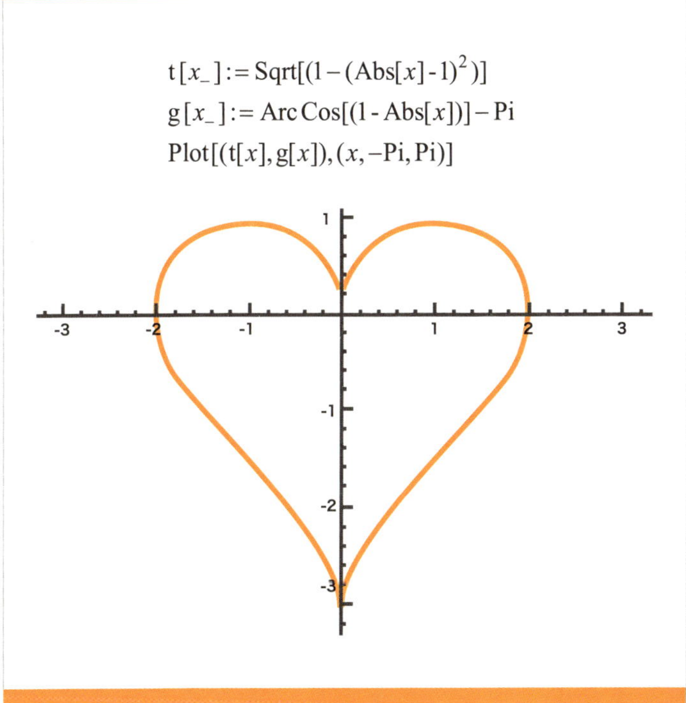

图 1–12

THE SECOND CHAPTER

第二章

创业就是奔着垄断去的

汪　华

互联网创业的本质

互联网抹平了交易壁垒

创新工场投过 100 多家公司，目前估值达到过亿美元的大概有 20 家，再过一段时间可能会增加到 30 家。即使有 30 家公司估值过亿，又有多少能真正走到最后一步——上市呢？当然，没有走到最后一步不代表失败，要么卖了一个好价钱，要么做成一家中等公司，都是不错的结果。创业获得大的成功是相对罕见的事情，也不是理所当然的事情。

创业里最重要的因素，第一个是对现状和未来的独立思考，而且是非常深切的思考。创新工场投的公司里做得非常好的，从某种意义上说，它们无论是打法，还是当时面临的市场机会，都是独一无二的。要想获得独特的成功，最重要的是独立的思考。创业的第二个重要因素是强大的执行力，能迅速将思考进行迭代、尝试，一旦成功就进行扩大。

但在很多情况下，大部分创业者会把非常多的时间花在第二点上，就是强大的执行力上，有时候会有意无意地忽视对于现状、未来进行非常深入的独立思考。这个独立思考必须是真正独立的，并不是外面做什么我就跟着做，但也不因为外面都这么做，我就不去做。如果仅仅是标新立异，故意反趋势、反潮流，其实也不是独立思考。创业者要牢记一点：没有什么固定的真理，或者一定要怎样做。

我经常遇到创业者来同我讨论各种各样的创业计划，他们觉得这些计划很常规，但实际上很荒谬。小小的创业公司，只有十几杆枪，还刚起步，天使轮才融了几百万人民币，却想着要打败某某大公司，要做一件大事，成就大事业，甚至整合巨大的行业。

对这些创业者，我要泼一点冷水："创业 90% 都会失败。"

我在讨论创业的时候常常会说："一个创业公司，资源不多，凭什么会获得成功？凭什么在几年之内拥有几千万用户，获得多少亿收入？”

我在美国的一些同学经常对我说：“我要改造传统行业，它们太传统了，那些人没我聪明。”还有的人说：“我非常勤奋，执行力非常好，每天工作 12 甚至 16 个小时，而大公司朝九晚五才 8 个小时，我要从执行时间上干掉它们。”

实话实说，这些执行力和努力是必需的，如果不拼命你肯定不能赢，聪明也是必需的。但是，这些不是必要的手段，没这些精神不能赢，但只有这些，十有八九也赢不了。

在我看来，大部分创业公司能获得成功，能在短期内干掉原有的行业或者干掉原有的大公司，本质上是因为市场产生巨大变化。即使赢了，凭的也不是你的真实能力。打败巨人的是市场环境，是巨人在世界变化趋势下自己衰落而败。

因此，并不是千千万万的创业者真的有实力，真的够聪明、够厉害。只是他们刚好遇到“天下大乱”的时机与环境，以“农民起义军”的形式趁势而起；风调雨顺的时候，他们是不可能成功的。

现在流行一个词叫“互联网 +”，让我这个从 1995 年开始接触互联网的人都觉得特别荣幸。你们有没有考虑过，不从技术或者其他角度考虑，仅从商业角度来说，互联网的本质是什么？有一本书说世界是平的，我觉得这个说法特别正确，互联网的本质就是连接和信息交换。连接和信息交换就是把各种各样的市场或者交易变平，原来是一个分散的市场，可能被地域或被其他因素分割，有了互联网，这些分散的市场就被连接成一个大一统的市场。有了互联网之后，信息对称了，交易壁垒降低，交易成本降低，广义的产品信息更容易到达用户，产品更容易被发现，交易的匹配速度自然变快了。

有了互联网之后，还有一个好处，就是可以统一市场和消费者的思想，减少消费者对市场的选择。这个有点反直觉，因为我们总觉得互联网是给每个人更多的选择，而不是更少的选择，但实际上不是这样。比如有了互联网，信息充分沟通之后，全世界人民用的手机就只剩下苹果、三星等少数几种了。再比如，每个地方可能都有当地类似快餐的食物，全世界加起来可能有几十万种，但是以前每个人被自己的地域所限制，能看到的只有十几种。互联网连接之后，每个人能看到的快餐食品有几百种，但全世界也就只剩下这几百种食品了。

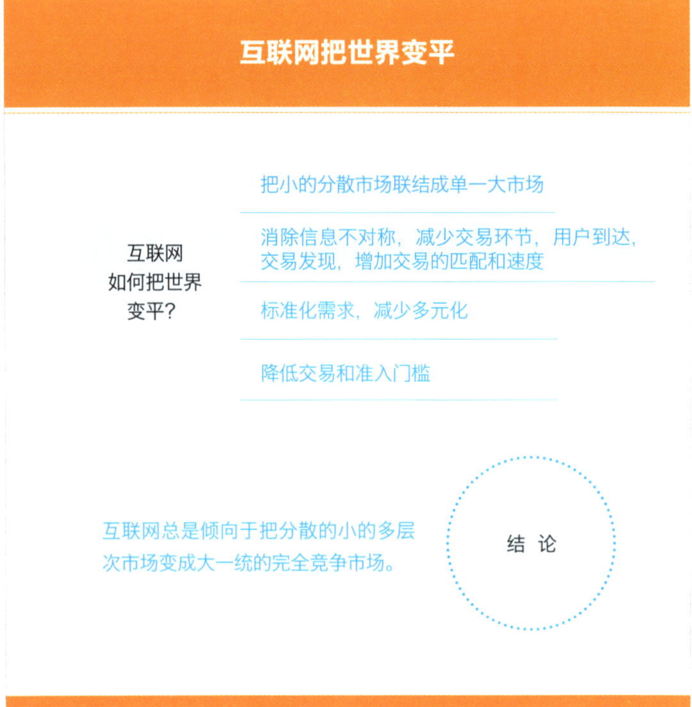

图 2–1

互联网降低了交易门槛，也降低了准入门槛。这里我指的是广义上的交易，花钱买一个东西叫交易，用 Skype 打一个电话，用微信发一段文字、聊天，都是交易。互联网总是能把世界上很多分散的、非常不平的市场连成一个单一的大市场，并且让每个人都能进入这个市场，让市场里的人都能相互进行交易。所谓的互联网化，就是互联网进入任何一个需求、任何一个功能后，都能建立一个从经济学上来讲完美的、无摩擦的、完全竞争的市场。从表面上看，这样很难产生垄断，而在完全竞争的市场里谁都不挣钱，可实际上不是这样的。

在摩擦力很强的情况下，我就算是倾斜地站着，笔也不会从我手里滑下来。同样的道理，在一个传统的市场里，一家企业就算效率比别人高一点，做出性能好 10% 的产品，或者价格比别人便宜 20%，也是扩散不出去的。

比如在北京，我做了一个产品，成本比其他对手低 20%。当我要从北京扩展到上海或者别处的用户，打败那些地方的竞争对手时，我可能要花很多年的时间才能做到，甚至完全做不到。我的成本比别人少 20%，但是我要经过八层渠道才能到达那些地方的用户，降低 20% 的成本根本不够。这些交易摩擦会导致我建立的任何竞争优势，都没有办法迅速转化成市场份额。

但互联网让交易摩擦消失了，能快速放大我的各种优势。当互联网把一个市场变成了完全无摩擦的交易市场后，你只要想办法建立一个相对来说比较强的优势，就有可能在极短的时间内把市面上同类的竞争对手全部扫空。这一点在以前是不可能实现的。

可是，你能在很短的时间内把竞争对手全部扫空意味着，就算你占据了很高的市场份额，随时也可能出来另一个人，用另外一个优势把你完全扫空。

需要说明的是，当你占领了巨大的规模优势，或者巨大的市场份额后，即使在互联网时代，还是有很多建立壁垒的方法。我在后文会定义壁垒是什么。

创业要抓住新垄断产生的一瞬间

本质上来说，所谓的“互联网＋”或者利用互联网创业，其实就是抓住新的垄断产生的那一瞬间的机会。

比如某个行业的市场原来是分散的，没有垄断者，也不可能产生垄断者。出租车行业就是个典型，每个地方都有当地的出租车公司，在以前的结构里根本不可能异地经营。当互联网进入出租车产业后，就会让这个不能产生垄断者的市场产生垄断者。

还有一种状况，以前在市场里有一个巨头，像诺基亚以前建立了很高的壁垒。但互联网一进来，直接把巨头之前建立的壁垒抹平了，它原来的优势就没有了，你就有可能去颠覆它。

所以本质上来说，当互联网进入某个领域或者改造某个领域时，旧的堤坝被抹平、新的堤坝还没建起来的那一瞬间，才是创业者的机会。创业者趁那一瞬间让自己的水拼命地漫延，漫延到足够大，再通过各种各样的方法把自己的堤坝给建起来。所以，互联网虽然把市场变平了，我们却得以占据足够大的市场，然后我们再重新把这个市场变得不平。

快速增长、机会、壁垒

快速增长本质来自低交易摩擦和市场规模	机会本质是变化抹平堤坝的时候	互联网总是倾向于抹平壁垒，我们总是建立壁垒
· 流通性好的单一市场超过十倍的增长率 · 优势有机会快速长时间扩张	· 分散的市场可以被联通，创造新的垄断者 · 或让旧的垄断壁垒失效，颠覆旧的垄断者 · 成为第一批找到新方法、建立优势的扩张者，并建立新的壁垒	· 大的公司有时候可以创造或加速变化 · 小公司绝大部分时候只能利用变化

图 2–2

在诺基亚很牛的情况下，小米为什么能崛起？其实，诺基亚以前建立的壁垒与其说是品质，不如说是它建立的垂直供应链，还有就是它的生态系统“塞班”。诺基亚失败的最根本原因是用户需求迁移，因为在诺基亚时代用户的需求真的是打电话，而到了今天，整个平台和技术或者用户需求已经迁移到为了上网而使用手机，这是根本性的变化。

诺基亚所有的优势都被陆续消减，比如诺基亚花那么多年才打造出品牌，而通过社交网络，小米在一年之内建立了巨大的知名度和品牌；诺基亚的销售渠道直接被电子商务给消减了；诺基亚的垂直供应链早就被类似于富士康这样的代工产业链消解了；此外，谷歌的安卓直接给小米铺了最好的路。如果旧堤坝没有被抹平，雷军再强，他能把小米做出来吗？我认为这是互联网创业的本质。

垄断是获得高市值的唯一方式

持续的高增长就是垄断

为什么一家公司特别值钱，甚至一家当前收入还很低的公司却可以拥有很高的市值？有个词叫 PE（市盈率），如果不考虑炒作或者其他情况，一个公司 PE 越高，它的股价就越高，但是 PE 的高低在正常情况下是由投资者对公司未来的期待值决定的。

投资者的期待值有两个，该企业的增长率和增长能持续的时间。比如有两家公司，一家公司最大的价值是它在历史中产生的总利润面积，另一家公司虽然总利润不如前者，但比前一家公司的早期利润或者收入高好几倍。即使前一家公司当前的利润是后一家公司的五倍，但是后一家公司的市值或者估值可以是前一家公司的几十倍，因为它在增长率和增长能持续的时间方面更有优势。增长能持续多久，哪怕增长到瓶颈，能坚持住多久？其实就是垄断。

互联网是一个完全竞争的市场，而且是无摩擦的，所以，从商业角度考量，互联网恰好满足了人们对于估值的所有判断。我们能够看到，这么多年来，风险投资高估值的股票几乎全部是跟互联网挂钩的。曾经出现过其他的高科技概念，无论是新能源还是医药，却没有任何一个像互联网那样维持长达 20 年的资本盛宴，就是因为互联网从本质上来讲完全契合了公开市场或者投资人对一家公司的期待。互联网的交易无摩擦性使市场规模可以做到极大的增长，互联网还能把分散的小市场统一成一个大市场，把市场变平、变大可以造成更大的垄断。

其实说到根子上，互联网唯一的商业模式本质上就是增长和垄断。在互联网时代，一家公司虽然现在在挣钱，但只要不是通向垄断之路，现在挣的钱可以随时被别人抹平。而一家公司只要走在通向垄断的必经之路上，哪怕现在不挣钱，将来却一定可以挣到钱。

说起来蛮有意思的，我在 1995 年第一次使用互联网的

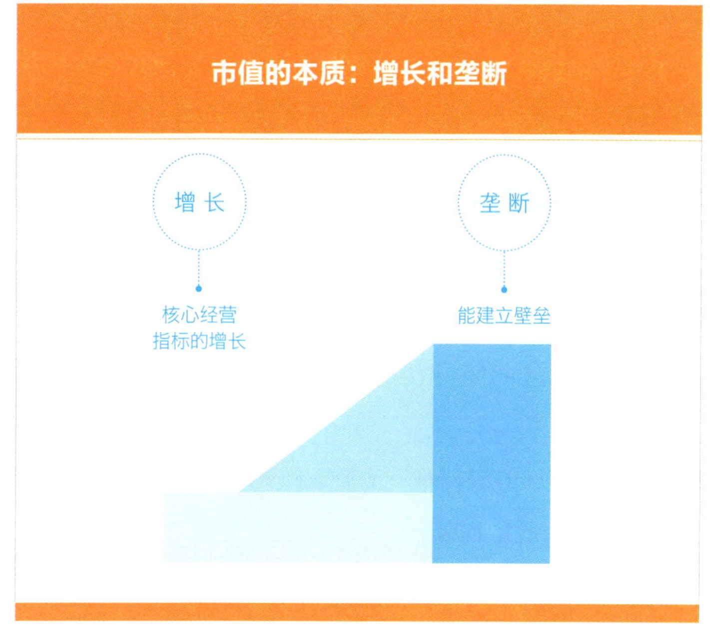

图 2-3

时候，觉得互联网是一个自由开放的地方，很多人可以在上面建立人类的乌托邦，互联网似乎成为人类历史上每个个体的最终乐园。可互联网做到第十年的时候，我发现出问题了，互联网是人类历史上到现在为止最好的造就独裁和垄断的场所。大家可以想一想，在古代，一个垄断者最多能统治一个国家。有了全球市场之后，就有了跨国公司，但人类历史上有没有出现过像现在这么强大的单个公司？谷歌一家公司垄断几十亿人口每天的搜索，知道每个人每天想干什么；Facebook 一家公司拥有十几亿人的数据。历史上从来没有任何一家公司可以全球化地控制人类在某个方面的需求，而随着“互联网 +”的推进，这样的公司会越来越多。

什么才是真正的高增长

前文提到，互联网唯一的商业模式本质上就是增长和垄断。什么样的增长叫高增长？正常情况下，一家公司做到上市规模，如果拥有 30%~50% 的增长率就是高增长。在创业初期，比如天使融资的阶段，公司的估值从 100 元涨到 100 万元，涨了一万倍，这个增长听起来很吓人，但没有任何意义。

对于一个 A、B 轮的暴涨型的公司，如果要做成一家 10 亿美元级别的上市公司，就要做到 10 亿美元的年销售额。如果以 100 万美元的月营收为起点，增长到 10 亿美元的年销售额，就相当于每个月要销售 1 亿美元，需要完成 100 倍的月销售额的增长。

而这 100 倍增长，其实在大部分情况下不是均衡的。大部分情况下，一家公司在完成一些积累之后，由于互联网的摩擦力很低，必然要在一个时间段内完成非常快的暴涨。这个暴涨会是什么样级别的呢？以创新工场投资过的很多公司来讲，它们在暴涨阶段的情况不一样，在有些领域面临的是周对周 30% 的增长，稍微少一点是月对月 50% 的增长。

正常情况下，一个公司遇到暴涨阶段的时候，很少有低于月对月 50% 增长的。哪怕是在稳步发展阶段，比如到了 B 轮、C 轮，一般也有超过年对年两到三倍的增长。

垄断的六要素

分析完增长问题，我们再来想想垄断问题。互联网时代为什么能够建立垄断？垄断的要素是什么？在一个完全竞争市场，能建立垄断可能性的有品牌、渠道、网络效应、规模效应、技术。

技术垄断相对来说比较难，因为在中国没有专利的保证，像我们投资的 Facebook，它的技术垄断是通过不断加大资源投入，不断比潜在竞争对手有更新的技术推出，到最后已

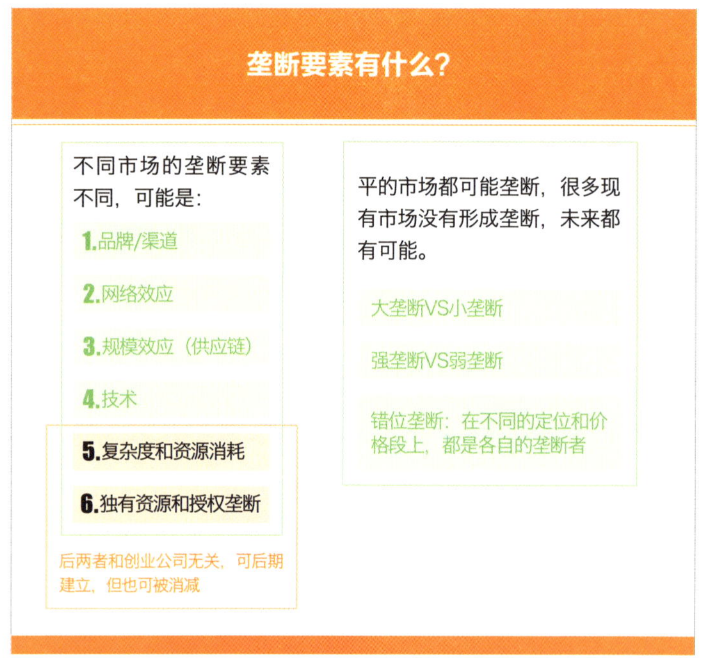

图 2–4

经不是传统意义上的技术垄断，而是变成了一种资源投入的垄断。

还有两种垄断跟创业公司没有太大的关系，就是通过做一件非常复杂困难的事情，通过巨大的资源投入构建产品和行业的复杂度来达到垄断。我觉得天下有两个最不能学的创业偶像，一个是“钢铁侠”埃隆·马斯克，一个是乔布斯。

大家可以崇拜他们，但是千万不能学他们，创业公司没有学他们的资本。

特斯拉造一辆电动汽车，花了十年时间做研发，解决了无数生产供应链的问题，到最后哪怕是巨头来跟随它都会很难，更不要说其他的创业公司。马斯克发射火箭就更不用说了，所以说这种垄断一般跟创业公司无关。

独有牌照、独有资源的授权垄断，这些垄断方式是中国人最熟悉的，这种垄断在正常情况下跟我们也没什么关系。

大部分情况下，创业公司能在早期阶段试图去获取图2-4中前四种垄断要素。当然也不排除创业公司在获取早期成功之后，在真正想建立长久垄断的时候，考虑建立第五、第六种垄断要素。以小米为例，它在早期就是通过前四个要素建立跟竞争对手的区隔，但是它现在通过收购芯片厂商、整合产业链、海外拓展之类的手段，试图建后两种优势。

任何有可能变平的市场，最后都有可能产生垄断，本质上来说创业就是奔着垄断去的。当我们选择和进入一个市场后，虽然垄断从一开始离我们很远，但是在创业刚开始的时候，我们就要考虑自己将来有没有可能在这个市场里形成垄断；如果要形成垄断的话，可能形成一种什么形态的垄断。

如果不考虑这一点的话，不管创业者在早期做了多少努力，最后都白费了。因为要么长不起来，要么守不住。

至于某个领域有没有可能产生垄断，能产生多大的垄断，产生什么形态的垄断，根据每个行业的特点会有很大的差别。从长远角度来讲，已经变平或即将变平的领域，又或者将来会变得很平的领域一定会产生垄断。如果你觉得一个地方即将变平，现在还没有产生垄断的话，这就是你的机会。

市场份额大有时候并不能真正确定你的垄断地位。判断你是不是真的垄断了，还有一个要素，就是你是不是可以为所欲为，是不是能狠狠地收钱。如果你占了很大的市场份额，但是你不敢为所欲为，不敢收钱，因为你一为所欲为、一收钱，你的份额就没了，或者你害怕你的份额没了，这不叫垄断，这只是看起来大的市场份额而已。

如何做到“小垄断”

颠覆式创新是创业公司的唯一玩法

我们先想一下，电子邮箱领域有没有垄断？在我看来，电子邮箱领域真的没有垄断者。第一，没有任何人真的靠电子邮箱挣到大钱；第二，供应商还是不少的。

换一个角度看，电子邮箱对应的是什么样的需求？电子邮箱对应的是沟通和通信的需求，还有分享的需求。电子邮箱这个产品本身没有垄断者，但是电子邮箱要解决的需求在电子邮箱出现很多年之后，被 Facebook 等公司推出的产品垄断了，而且它们都可以挣很多钱，或者已经挣了很多钱。

电子邮箱不能垄断最大的原因是，它的产品形态有问题。电子邮箱产生于互联网早期，所以它的产品形态和协议是任何人都可以建立自己的电子邮箱服务器，并且任何人建立的电子邮箱服务器都可以相互通信。这个产品形态和产品机制本身导致电子邮箱是没法被垄断的。但是这不代表电子邮箱对应的通信及潜在分享需求不可以被垄断。其实现在电子邮箱已经衰落了，以前电子邮箱承载的功能都被微信、Facebook 等接管了，只剩下注册账号和接收垃圾邮件的功能。

如果在一个领域你发现做不到垄断，千万不要因此放弃这个市场，或者认为这个市场的垄断是不可能的。因为垄断本身是针对需求，而不是产品形态。这对你来说反而是一个机会：在一个巨大的市场里，现有的产品没法垄断，就看你能不能把需求切割，创造一个能垄断市场的产品出来。

谷歌邮箱最大的潜在问题是，它采用改进式创新，就是基于现有的电子邮件架构，试图把它改良得更好。而即时通信软件对应的分享，对于电子邮箱产品形态来说是颠覆式的。改进式创新，也就是所谓的微创新，只有谷歌这样的大公司可以做，小公司还是别玩儿。

我们要当风口上的那只猪，还要从小的领域开始做起。

怎样平衡要进一个大市场，又要从一个小的垂直市场切入，这基本上是每位创业者天天要解决的问题。

如何实现跃迁式增长及垄断？

创业公司的基本矛盾：极其有限的钱和资源，有限的生存时间周期，却要取得高增长和垄断

图 2–5

这就是创业公司的基本矛盾，创业公司只有极其有限的钱和资源，创业的时间窗口也很短，因为创业公司活不了多久。如果没有进展的话，我们的公司只能活一两年，至多勒紧裤腰带勉强撑三年，再没有进展的话就真的挂掉了。在这样的情况下，还要取得高增长和垄断，还要推翻比自己钱多10倍、20倍的巨头，这从某种意义上来讲是一件很荒谬的事情，这也是我认为创业成功都是非常独特的原因。

坦白讲，创业公司都是投机取巧的，这没什么可羞愧的，这就是摆在我们眼前的事实。所有的创业方法论、创业的问题、创业的折腾，说白了就是创业公司没钱，因为穷才会折

腾出那么多花样。但反过来说，创业公司最大的优势就是没有负担，不怕死。比如电商渠道，雷军可以用，但诺基亚不能用。诺基亚那么大的销售渠道，那么多工厂，它没法像小米那样去“作死”。

再比如当年安卓崛起的时候，微软作为霸主一点办法都没有，因为安卓的商业模式，对于微软而言不一样。Windows操作系统的利润占整个微软利润的绝大部分，它的收费模式是每个商业模式的核心。安卓的免费授权模式，Windows是没办法用的，不用是一种拓展，用则相当于立即自杀。对于当时的诺基亚而言，功能机是市场的主要机型，塞班系统是手机市场的整个核心，即使安卓系统出现了，诺基亚也没办法采纳。

因此，真正能让创业者有机会的地方在于，原来传统市场中的巨头要么看不清发展趋势给了你先机，要么看清了也没办法采纳和直接使用。我有时候跟传统行业的人聊天，发现他们都很聪明，也都谋求转型，但也会开玩笑般地说：“不转型是等死，转型是找死。”

选择一个变化足够大的市场进入

创业公司都是投机取巧的，那投的是什么“机”？我觉得早期的创业首先要选择大市场，但是光选择大市场是没用的，因为天下有很多大的市场，很多大市场已经存在了上百年，或者广义来说大的领域、大的需求都已经存在上百年。别认为所有人都是傻的，一个东西存在几十年或者几百年，你不可能在一天之内突然发现把所有竞争者都打败的方法。

创业者能成功的唯一原因就是“变化”，这个变化是最近才发生的，将来会变得很大。你虽然不是唯一一个，但你是第一批去参与这个变化的人。不是以前的人没想到，而是这个事儿刚发生没多久。所以你要选择一个大市场，更重要的是你要选择变化，一个有足够大变化的市场。

其实市场可以有很多种变化，国家出了一个新政策是变化，突然出了一个行业并购也是变化，什么样的变化才是够格的？我们需要的是什么样的变化？我们实际需要的是，潜在能把市场变平的变化，潜在能抹掉原来市场交易壁垒的变化，本质上我们是在等这种变化。换一句话来说，创业公司的资源都是有限的，所以我们选择的市场必须是“万事俱备，只欠东风”。

比如，我们不能随便进入教育市场，因为要想在教育市场做生意，必须先构建生态环境，这太挑战创业者的资源。大的技术环境都已经完备了或者接近完备了，又或者在某些领域完备了，其他领域还不完备，我们只需做最后一件事情，而且只剩那一件事情要做，才是我们该进入的领域。其实，不是所有事情都要按这个逻辑操作，有些公司能推动别人，甚至创造变化；有些公司可以去当推土机，直接撵平市场，然后自己再耕耘，但这跟资源还不充足的创业公司没关系。

能推动变化的公司有哪些？我认为苹果就能推动变化，它让智能手机的出现提早了至少三年，这是因为苹果本身的号召力、供应链还有企业规模让它能干这个事。再比如说阿里巴巴，它在支付手段和各种条件都还没有完全成熟的时候就能启动淘宝，因为在 2004、2005 年的时候，阿里巴巴是互联网领域最有钱的一家公司，比当时的百度、腾讯都要有钱很多倍。为了启动淘宝，它建立了支付宝。

所以，这些公司做的事情都不是创业公司能复制的，虽然它们的成功我们都在传颂，但是不能复制。创业者能干的事情就是找一张纸，市场已经对这张纸拼命地浇汽油，但还没点着，我们去当点着它的那根火柴。如果这个时间没到，那我们就只有等。

2000 年的时候，有一波做电子商务的公司，像慧聪网、8848、e 国，我认为那些创业者的能力并不比马云、刘强东差多少，但是太早了，市场真正的变化还没到来。那时候，这些公司雇人骑自行车配送商品，大部分用户连银行卡都没有，它们的下场自然不用我多说。

2005 年时有风险基金找我，给我几百万美元做移动互联网，我直接拒绝了。直到 2009 年，我才通过创新工场的方式广义上地做移动互联网。因为我认为在 2005 年，移动互联网的时间还没到，是一个伪市场。2009 年略微有点儿早，是刚刚适合启动的时间点。

越有实力的公司越可以长期培育市场，但是对一般创业者而言，要关注的不仅仅是大趋势的变化。1999 年时就有人说电子商务终究会发生，但是对创业公司来说不重要，最重要的是它会在什么时候发生，它会在什么前置条件出现的时候才发生。我们只能掐着这个发生点的前后半年开始发力，早了的话，死在沙滩上；晚了的话，这事跟我们就没关系了，别人已经做到几千万甚至上亿美元的规模了。

用小杠杆撬动大资源

还有一点特别重要，你必须要有杠杆。即使一个大的市场发生了变化，你还可以去泼水、去漫延。但就算你拿到了A 轮、B 轮、C 轮的融资，依然只有那么点儿钱。前文我提到，在暴涨阶段要达到周对周有 50% 的增长，怎么才能真正做到？本质上来说，必须要有杠杆。社交网络是小米做品牌的杠杆，富士康是小米在供应商领域的杠杆。你相当于是用自己一点点的钱和资源撬动别人很多倍的流量、用户、钱和资源投入。

在变化的时机下，快速转变是有放大器的。如果一家公司刚开始只有几百、几千个用户，几万的销售额，要想真正做大，达到几千万用户或多少亿的销售额，差不多要有一万倍的提升，这是不可能完全依靠自然增长实现的。

所以，每个时代都有每个时代的杠杆，你抓到一些变化和机会之后，还必须要在当前所在的行业中，发现有什么样的杠杆可以借用、放大。

比如微信时代成就了很多公司，像最早期的微电商、微信电影票等。其实，这种公司如果不是利用新的渠道、新的平台，很难在较短时间内发展得这么快，达到这么大的规模。当年搜索引擎的流量则成就了最早的汽车之家这样的公司，包括 58 同城，都是依托搜索引擎流量作为杠杆的。

在硬件方面，贝斯耳机除了构造品牌以外，本质是赶上了苹果附件市场疯狂增长的人口红利。而今日头条等开发安卓应用的公司，实际上是借助了安卓市场在发展早期，也就是用户应用稀缺时期应用下载增长的人口红利。

2000 年年初曾经兴起一大波的消费品牌，它们当时利用的杠杆其实是电视媒体和商超渠道。当时，中国的传统零售行业正逢蓬勃发展的时机，比如连锁型超市、大型的卖场；电视媒体也刚刚获得影响力。当时有特别多竞拍央视标王的公司，虽然看起来很愚蠢，但实际上它们是最聪明的，它们利用了当时时代最大的“媒体杠杆”。

创新工场投资了一家做儿童社区的公司，它把细分市场定位在 3~12 岁儿童素质类教育或泛娱乐教育上，涉及的产品包括动画片、玩具、线上线下教育等。创始人认为这个市场最大的问题是传播渠道有限，他觉得借助父母的网络社交圈进行传播是获得爆发性增长的最大杠杆。

但是，怎么借助父母群体的网络社交圈呢？有像微信这种非常直接的入口吗？创业公司借力的杠杆一定要非常具体，能直接体现到增长所带来的流量、客源、供应链。一般来说，杠杆主要的力量集中在两端，一端是供给端，一端是获客端，电商获得订单叫获客，App 获得流量也叫获客。如果一个创业公司要得到大的增长，最好找到非常具体的能直接带来业务增长的杠杆，无论在供给端还是在获客端，还要有非常具体的打法。

当你做成、做好了一件存在很久的事情时，不是因为你天赋异禀、聪明。凭什么在过去的那些人做不好？凭什么在今天这个时间点，你的方法、你这个人做成了？凭什么你超越了那么多做同样事情的人？这一点，我觉得是创业者每时每刻都需要思考的一个问题。

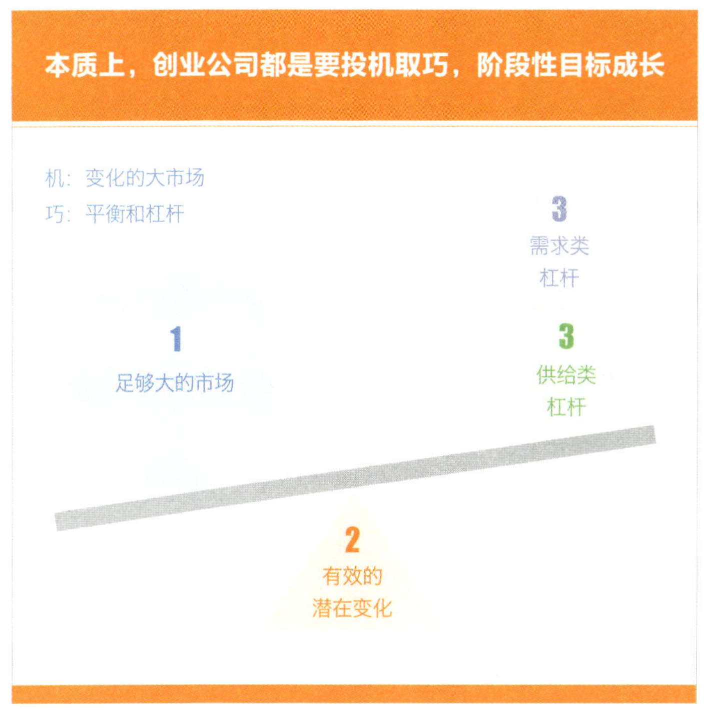

本质上，创业公司都是要投机取巧，阶段性目标成长
机：变化的大市场
巧：平衡和杠杆
3
需求类
杠杆
1
足够大的市场
3
供给类
杠杆
2
有效的
潜在变化

图 2–6

垄断细分市场是为了立足更大的市场

看了上面的观点，有的人一定会问："如果有个足够大、足够好的市场，又有那张被浇满了汽油的纸，那么一定很多人都在找点火的机会。当这个时间节点真正来临，肯定不只我一个人，而是有一大批人会进入，那我该怎么办？"

其实还有一种可能性：我们都是创业团队，都没有那么多钱，也不是巨头，不可能一个人教育好整个市场。那我们有没有可能选择一个足够小的细分市场，迅速培育这个细分市场，以细分人群的传播力逐渐扩展影响力呢？这对创业者来说是不是一种机会呢？当然，这有赖于我们的判断力，判断这个细分市场不是所有人都看得上而且在乎。

还有一件事情很重要，即使我们要选择一个细分的市场去建立自己的细分垄断，长期的大市场依然是首先要考虑的目标。因为很有可能你进入一个细分市场五年后，发现它真的就是一个细分市场，而且这种情况发生的概率是99%。

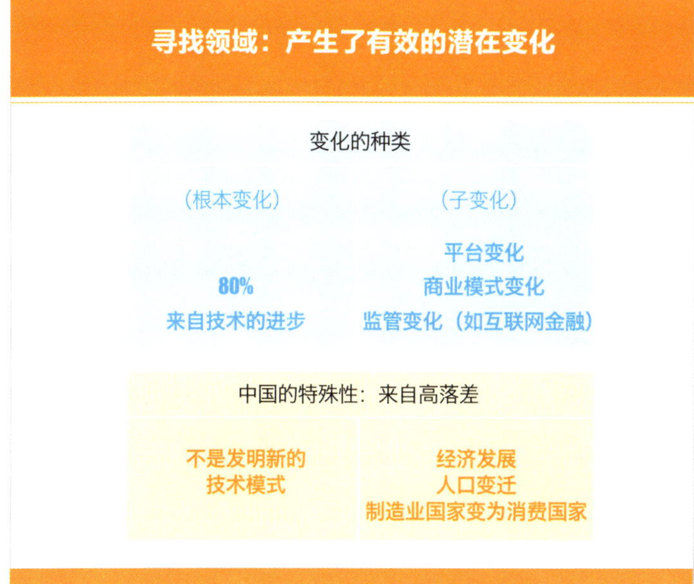

图 2–7

举个例子来说，凡是做到最好的大公司，它可以起步于一个早期的细分市场，但最后必然要立足于一个大的市场。比如徐小平老师当年创业的新东方，起点其实是一个小市场，就是托福、GRE 考试，但是它的第一个连接市场是英语应试教育市场，第二个连接的市场是 K12（从幼儿园到高三）体制内的应试教育市场，所以这个小市场是立足于一个非常大的市场上的。Airbnb 发展得很快、很大，但它能做大最根本的原因在于，它背后的酒店市场是巨大的。

寻找领域：要有足够大的市场

不能以产品形态来界定“市场”而是需求	找到百亿级别的市场	市场选择快平了
一个现有市场没有产生需求的产品形态，这个需求所对应的其他产品形态，或许可以产生垄断。	不代表切入的市场要这么大，但背后链接的大市场要够大。	未来有平的趋势，局部市场2~3年，大市场5年。现在就有平的滩头阵地。

图 2-8

有些创业者一开始没想进入一个细分小市场，最终却获得了成功；有些创业者是仔细考虑过这个问题的，各自有各自的故事。这对投资人来说是无所谓的，哪怕你是撞运气撞上了好市场，投资人只要选择运气好的那些人投入就行了。但是对创业者来说不一样，就算是拿别人的钱，一辈子的精华时间就这么多年，撑死试三四次，靠碰运气肯定是不行的。

做细分市场不是根本目的，只是为了将来做更大市场采取的手段。创业者一定要仔细考虑：你的细分市场连接的更大市场是什么，你的细分市场将来有没有可能变化，连接的大市场将来有没有可能变平。把时间放长远一些，细分市场肯定处在一个大领域中，这个大领域最晚也要在五年之内出现变平的趋势，这样就会携着你在细分市场积累的优势和资源去征战。

我自己创办过一家公司，最初是想做互联网的，后来变成给运营商和移动网络提供服务的公司。十年前，这个公司一年能赚小几千万的利润，现在一年能赚大几千万的利润，看起来好像还不错。但是十年了，它的利润规模不过如此，这个市场的壁垒到现在为止都没有任何要被破除的迹象。我挣完这个钱之后发现四周全是悬崖绝壁，虽然一年挣几千万也不错，但是它没法做成一家更大的公司，这也是我后来把它交给别人做的原因。

THE THIRD CHAPTER

第三章

创业公司到底做什么

汪 华

“小垄断”怎样建壁垒

抹平别人制造的壁垒，让别人的子市场没有意义

广义来说，市场是由需求决定的。如果把一个东西定义成所谓的电子邮件市场，这个定义其实不是特别准确，因为它是基于产品形态的定义。

真实的市场是按现实中的壁垒来划分的。很少有公司创造新需求，大部分的需求市场上已经有公司或者产品去满足。而现在的竞争态势、业态划分、上下游的产业链等因素天生会在这个市场上划出一条条的壁垒，有的壁垒高一些，有的低一些。

要定义一个小市场，就用比较低的壁垒。就像往都是小坑的沙地里面灌水，如果水位灌得比较低，会形成很多的小水坑，每个小水坑就是一个子市场，这是由这个市场的天然壁垒形成的。水位再高一点的话，水坑的数目就会减少。

水位的高低，或者水坑的数量，会跟着世界的变迁随时变化。比如易到用车最初是做高端商务出行的，或者说是做机场接送用车这个子市场的，它可以做得很好，自成一体。但是到了某个阶段，它的小壁垒轻易地就被做出租车的滴滴、快的给抹平了，这个子市场的定义就没有意义了。而抹平别人制造的壁垒，让别人的子市场没有意义，也正是我们自己的机会。

创业公司增长范式的四阶段

因为创业者的资源有限，所以还有一个很实际的问题，就是只能分阶段扩张。创业者要有非常明确的目标感和节奏感，因为钱和资源都十分有限，更不能靠碰运气做事。比如打扑克，你盘盘都跟，盘盘都乱打，结果可能就是在你还没遇到好牌的时候，手里的筹码已经用光了。

创业从战略上来讲是追求不确定性的机会，但是从战术上来讲要追求高度的确定性，否则你就会死。接下来，我把投资阶段的划分和不同阶段要做的事情匹配一下。

在天使轮、A 轮包括小 A 轮的时候，创业者做事的本质就是寻找滩头阵地，不是做增长，不是做数据，而是找到自己的第一个范式。你要想明白要做的第一个大市场是什么，

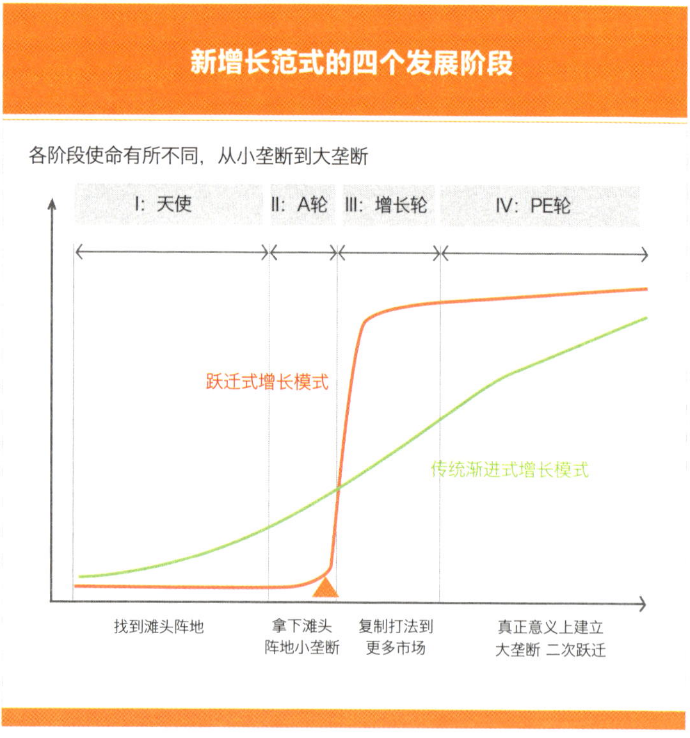

图 3–1

这个大市场有什么子市场，有什么垂直市场切分，你能用什么样的打法来切入，这个打法比现有的竞争对手和已有的方略是不是好五倍。第一阶段就用来干这个事，甚至从理论上来讲，第一阶段的具体数字和其他东西都不重要，找到那个切入点最重要。如果找不到那个切入点，所有事情推倒重做都没关系。

这个阶段的时间可能很短，也可能很长，对于A公司来讲可能是五六个月，对于B公司来讲可能是两三年。因为不同公司所在的市场和领域不一样，找点的时间可以很长，也可以很短；有可能你始终找不到这个点，也有可能你第一次尝试就找到了那个点。以创新工场投资的知乎为例，它差不多用了一年多的时间。

找到早期的滩头阵地和第一个要打的子市场之后，A轮的公司要拿下第一个市场，比如滴滴拿下北京市场。拿下第一个市场本身不是目的，而是在A轮阶段磨合出一套打法，准备好接下来的战斗资源，调整好公司的节奏，然后准备复制找到的范式。现在的融资轮次有些乱，有的公司天使轮就融了一亿美元，但是A轮一定要做好这件事。

增长轮是你的公司已经调整好了增长范式，找到了明确的 KPI，接下来只要投钱去做就可以把已有成果按照指数级别——至少也是线性级别扩张出去。此时你就开始融大量的钱，把增长范式复制出去。

在增长轮，你的公司必须在最短的时间内调动资源，把这个范式能占到的市场空间全部占满，不给后来者和竞争对手留下任何空间。这是你能够暴涨而且必须暴涨的阶段。

PE 轮开始考虑建立壁垒，掌握建立垄断的要素——我在前文介绍过的垄断的六大要素。

有些公司一次增长就达到了巅峰，也有很多厉害的公司可以实现多次增长。达到这个阶段的顶点后，你要在更高的标准线上寻找新的连接市场的切入点，然后再进行二次扩张，建立新的增长范式。

找到能打赢的创业切入点

接下来我具体分析下，在早期的天使阶段创业公司要怎样抢占滩头阵地。

创业是分阶段的，第一阶段本质上就是抢滩登陆，先找到自己起始的大市场，再找到第一个立足点和切入点。如果我们已经找到了大市场，那接下来就要找到自己的第一个切入点。

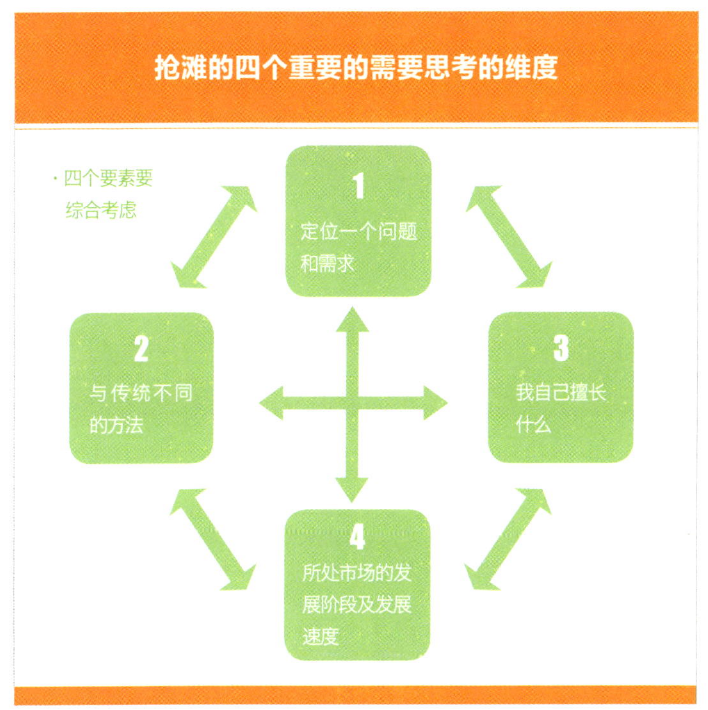

图 3–2

先说为什么我们要抢滩登陆找到第一个切入点，行动前一定要把目的搞清楚。我们找到第一个切入点，或者说我们“从 0 做到 1”，真正目的不是做出一个“1”，而是为了“从 1

做到 N”做准备。

抢滩登陆本质上是为了找到用户真正的需求，并且去印证我们找到的打法能不能满足这个需求，同时累积团队的执行力，找到可以大规模复制的方法论，确定我们将来要进行大规模复制和增长的时候，核心的 KPI 是什么。所以找到切入点本身不是目的，只是手段。我之所以反复强调这一点，是因为创业者在日常做事的时候，很容易忘了真正的目的，把手段当作目的。

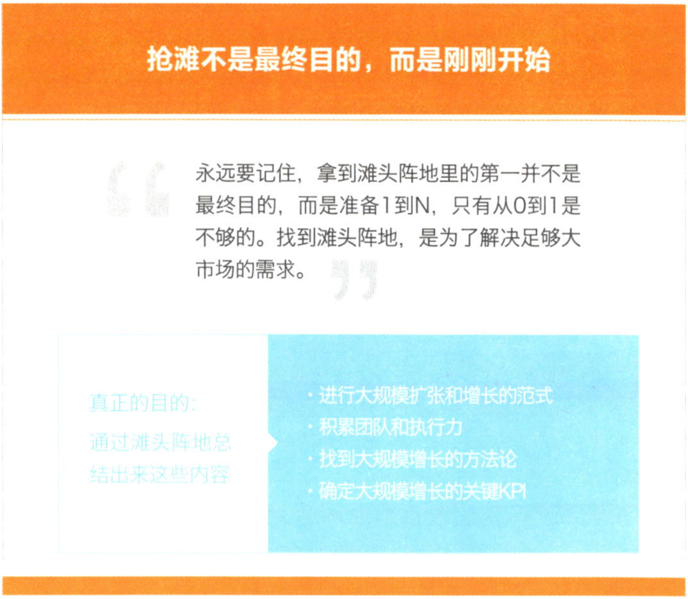

抢滩不是最终目的，而是刚刚开始

永远要记住，拿到滩头阵地里的第一并不是最终目的，而是准备1到N，只有从0到1是不够的。找到滩头阵地，是为了解决足够大市场的需求。

真正的目的：通过滩头阵地总结出来这些内容

- 进行大规模扩张和增长的范式
- 积累团队和执行力
- 找到大规模增长的方法论
- 确定大规模增长的关键KPI

图 3–3

创新工场投资了一家公司，这家公司做的是为可穿戴设备提供连续的血压监控模块，包括算法、电路设计以及后端的数据建模，基于这个模块和后端的数据对应的目标市场是新兴的个人健康市场。创始人认为这是个足够大的市场，未来健康消费市场随着人民的生活品质改善会快速发展，尤其在中国会成为推动 GDP 发展的第一大市场。同时，这个市场又有新兴的可穿戴设备进入——可穿戴设备杀手级的应用是个人贴身的健康应用，这是市场利好。

这个市场的变化是随着整个生活品质的提高，用户对健康的需求越来越高，而当前的市场满足不了这个需求。同时，传感技术和数据分析的发展，使得专业的设备和数据分析可以集成在小型化的设备和云端服务上。这是技术和用户需求变化带来的。

从需求和供给的杠杆来说，当下整个市场出现了一个盲点，而这家公司有一个杀手级的技术，能通过在整个产业链上垄断型的资源合作迅速杀进去，借助传统的手机市场迅速完成整个产业链前端用户装机量的积累，把这个模块迅速铺开，同时在后端积累起用户使用的数据和数据的自动分析。

同时，这个项目的创始人认为自己的竞争对手是目前市场上制作可穿戴设备的芯片厂家，比如ST、联发科、高通，而这些潜在对手还没有进入可穿戴设备的领域中。这位创始人的原话是：“它们至少会给我三年时间。因为这几家公司都专注在手机市场、芯片市场，在传感网络这个市场上没有重兵投入。而且这个市场的技术诀窍并不简单，我们现在的团队需要有专门的电路、声音、数据模型分析，这三块know how放在一起，还要有传感器的实现、算法的实现以及模型的团队凑在一块儿来做这件事情。

“另外一个优势就是我的商业操作，我会在一年之内从上游建立起整个垄断的行业布局。因为我的产品是一个模块，它是附属品，我只需要攻克所有可穿戴设备里面的主芯片就能建立垄断，而全世界只有五家芯片厂家。并且，芯片厂家需要大量的模块，它们主动找我合作，还会开放所有的下游资源来推广我的方案。”

所有创业公司都要牢记一点：不要高估自己，更不要低估潜在的竞争。首先，创业公司就那么点人和那么点钱，我们做的那些事情，对别人来说没有不可复制的壁垒。其次，如果这位创始人进入的真是一个那么好的市场，他的竞争对手绝对不会在三年后才出现，他最多能领先一年时间。针对竞争对手建立三年的领先优势，大公司做得到，创业公司做不到。我们一定要好好思考潜在竞争对手在哪里。

此外，这个模块产品真正的客户既不是芯片厂商，也不是普通用户，而是可穿戴设备的硬件制造厂商。芯片厂商为了卖货自然会联系模块的生产者，但是它们也可以自己生产，不会因为缺了谁的产品停止做生意。而面对真正的客户——可穿戴设备的厂商，他并没有想好产品的卖点和竞争力在哪里，到底解决了什么核心问题。

我们常常想象一个市场的前景，比如中国有 3.3 亿高血压病人，全世界则超过 10 亿，未来可穿戴设备年销量能达到几百万台。但是，这些好处属于创业者吗？可穿戴设备的供应商不是普通用户，而是商业用户，我们如果想成为他们的供应链上的一节，要解决的关键痛点是什么？我们的产品如何帮助他们实现商业目的？否则，我们对产品功能价值及市场前景的预判都会落空。

找到切入点，还有一个最基本的原则：找我们能赢的点。说白了就是在一个巨大的市场或者领域里找到一块暂时的蓝海，一个我们用手头资源、手头团队能够打赢的地盘，千万不要找一个自己打不赢的滩头阵地。

在中国市场上，蓝海是暂时的，红海是永恒的。你如果

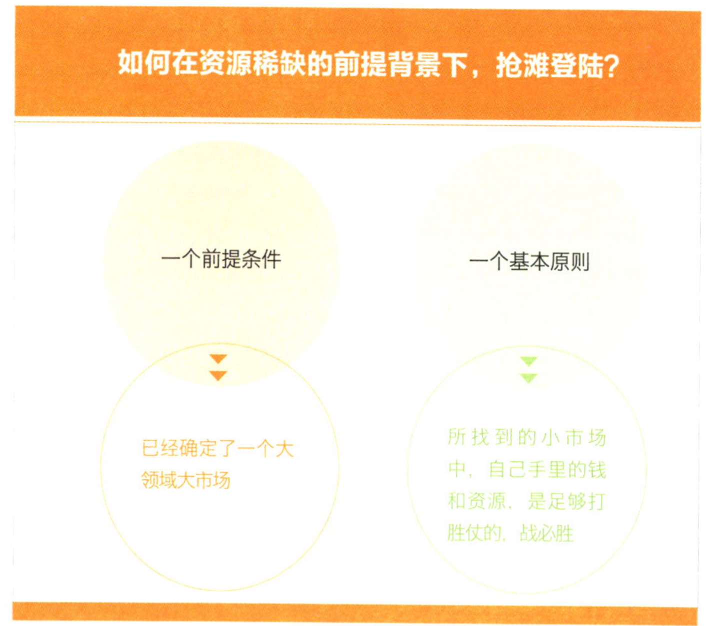

图 3–4

觉得自己处于蓝海市场，要么这个蓝海蓝不了多久，与其像早年的易到用车被滴滴、快的杀进来，还不如在这之前主动杀出去，主动奔赴红海；要么你所处的不是海，只是个蓝色小港湾，就跟我创办的第一个公司一样。

所以本质上来说，我们抢滩头阵地的第一个目的是找那个切入点，第二个目的是在这个切入点上磨炼、磨合，为将来打真正的硬仗和竞争做准备。

为什么是你、你的团队能赢

广义地说，找滩头阵地时考虑的要素只有几个：首先，定位一个市场需求或者一个问题；其次，找到一个与以前解决这个问题的方法完全不同的新打法，有优势的新打法；再次，选择一个子市场、子云层，或者子客户群；最后做起来。

但是这里面还有更加本质的问题，就是为什么是你能赢，为什么是你这个团队能赢？你充其量只能成为抓住一个新变化的第一批人，而不是唯一一个人。

我们要思考两点。第一，你要能够成为第一批发现这个事情的人。如果你对这个领域，或者某个打法并不是特别熟悉，凭什么你比别人早发现变化或需求？第二，如果你或你的团队并不是很擅长某个打法，或者很熟悉某个用户群、某个市场，凭什么你在后面的执行中能赢？考虑到这些框架条件，你最终要从团队的特点出发。

经常有人说“伟大的想法在开始阶段会显得荒谬或者不可思议”，这点我认为是不对的。伟大的想法之所以一开始显得比较荒谬或者不可思议，只是因为信息不对称，所有伟大的想法从出现的第一天开始就是合理的。举一个例子，2009年创新工场打算投身于移动互联网，基于安卓系统、苹果手机进行投资，那个时候我们就认为诺基亚最多撑五年，五年后肯定完蛋。但当时大家都觉得这个判断是吹牛，是反传统的，现在所有人都觉得是常识。可是，2009 年在谷歌内部的人都认为诺基亚完蛋是必然发生的。安卓是谷歌自己研发的，它有大量的用户数据，知道用户通过塞班系统上网的体验是什么样的。对谷歌人来说是常识的东西，对于其他人来说却好像是非常荒谬和惊天动地的。

Airbnb 的创始人对第一批潜在用户群是非常了解的，因为他自身就属于那个群体。像我这样的商务用户，出行都有公司报销，是不会遇到、了解甚至理解 Airbnb 群体需求的。所以，你是不是真的很熟悉即将要做的事情和你要选择的那个大市场，熟悉你要选择的打法，这一点在最初就要想清楚。

要么你特别熟悉一种打法，可以把这个打法应用到新的市场上。比如，我虽然不熟悉手机，但是我知道电商是怎么回事，我可以把电商的打法用到手机上。或者像雕爷，他不知道怎么开餐馆，但是他知道怎么塑造品牌，他就可以把餐馆的品牌做出来。

要么你非常了解一件事情本身，就像我在谷歌和互联网公司里工作，所以非常了解安卓和移动互联网的情况。

总之，创业者真的要了解自己和自己的团队，千万不要做不擅长或者不了解的东西。

我自己擅长什么

选择一个小的暂时蓝海，已经比较平，适合自己的特点和优势，在生存期内可以拿下的，能赢的。

为何由你来解决？你的资源是否比潜在的竞争对手更强，是否有相对优势？

- 要么熟悉市场，要么熟悉打法
- 市场进入足够早，则有可能很少的人发现这个问题。团队足够熟悉才可以更早地发现市场机会。
- 对问题的理解，来自于对行业的理解，或者对用户需求的理解
- 非常识来自于常识
- 做自己有积累熟悉的，有优势的，即使跨领域，也要有自己的优势打法
- 好的创业想法从一开始就是合理的而不是荒唐的

图 3–5

解决大领域里的关键问题，才会有大成就

接下来就要考虑需求，这个需求可以是一个等你去解决的问题，或者需要你去满足。正常情况下需求不是被创造出

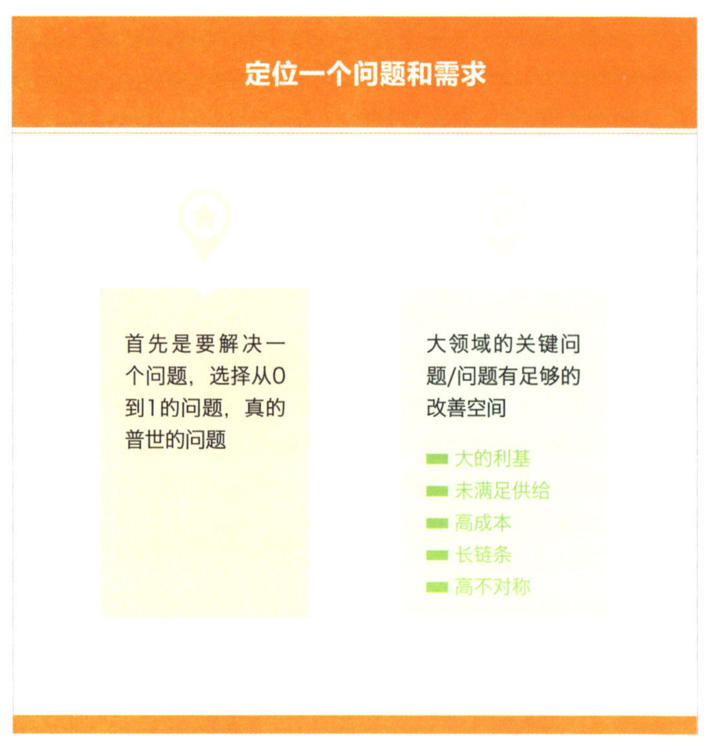

图 3–6

来的，你解决的问题和需求最好是已经存在的，而不是你去创造的。

比如对于 Airbnb 来说，它所在的旅馆和出行市场本来已经存在，虽然从来没人用 Airbnb 的方式满足过，但是大家已经在为这个市场付钱。或者像 Uber 所在的出租车市场，本来已经存在；哪怕微信所针对的手机市场，用户之前也在用短信满足这个需求。所以对于创业公司来讲，创造新的需求或者教育市场的压力太大，最好是选择一个市场上已经存在的需求，而且直接从需求本身出发。前文举过电子邮箱的例子，就是说不要从产品形态出发定义自己要解决的问题，而是从需求出发。这个需求既有可能是普通消费者个人消费的需求，也有可能是企业或者商业链条里面企业的核心需求。

一般情况下，你想去解决的需求最好是大领域里面的关键问题。在一个大的领域里肯定有非常多的需求需要被解决，但有的需求重要，有的需求不重要。比如我想帮仓库物流行业减少仓库管理员，从而降低成本，但仓库管理员在整个仓库管理总成本里占比还不到 5%，那我解决的就不是关键性问题。

你要解决的需求最好是这样的：一、它原本就有非常大的问题、非常大的劣迹；二、这个需求有非常大的供给没有被满足；三、它本来有非常高的成本，有非常高的链条，或者有非常高的不对称性。解决这样的需求，你将来的发展空间才会够大，你将来的成就也会更大。

举个例子，现在的团购还是能够解决市场需求的问题，但它解决的问题是利益链条比较薄弱的环节，价值就比较小。团购本质上只是解决了部分新开张企业早期揽客的问题，而且在大部分情况下，它只是提高了一些用户的复购率，甚至还把已有用户的原价订单替换成了折价订单。所以，在美国团购市场脱颖而出的 Groupon 就只值 40 亿美元。

在中国，团购烧了那么多钱，基本上全军覆没。美团虽然是一家非常有价值的公司，但它现在的成就跟起家时的原始团队没有太大的关系，它的成就一是来自于酒店零售，二是来自电影票、外卖。

Uber 有那么高的市值，它在欧美的分公司一年已经有上亿美元的利润，因为它向这个市场提供了大量全新的供给。Uber 解决问题的核心程度远比团购大很多。

所以我们选择要解决的问题，首先要解决普适性的问题，解决 0 到 1 的问题。我们要选择单个问题去解决，不要做跳板。

什么叫解决普适性的问题？就是当你在垂直市场里把需求问题解决得很好之后，可以去辐射更大的人群。火星文输入法根本性的问题是，它把当下的需求解决完了之后，突然发现再往外走，别的市场没有这个需求。但美图秀秀就没有这个问题，因为它是图片，所有的人都有图片需求，虽然一开始美图秀秀是从服务爱自拍的女生起家的。

或者换一个角度，麦当劳最早是从服务蓝领起家的，它本质上解决的问题是提供便宜、卫生、快速的食物。如果牵扯到更大的层面，辐射到白领或者其他人群，“便宜、卫生、快速”这三点一样有价值。但如果麦当劳在一开始堆叠很多其他的东西，比如为了更好地吸引蓝领，招几个漂亮、身材好的服务员，放几台老虎机，蓝领会更开心，但是扩大用户群体就没希望了。所以我们一开始要致力于解决普适性需求，哪怕是从小市场做起。

解决普适性的问题是个重要标准，此外，我们要试图解决“从 0 到 1”的问题，而不是“从 1 到 1.2”的问题。

很多创业者容易犯一个错误，就是乔布斯陷阱。创业者总觉得自己要做一个特别完美的产品，并且不断堆叠技术，让它变得越来越好。但是，改善性需求的市场爆发力不大。雅虎曾经在一段时期里搜索质量比谷歌还要好 20%，但是却对谷歌的市场份额没有那么大的影响。如果你想翻牌，只是比别人好一点是没有用的。要么这个事原来是 0，我做出了 1；要么我比原来好五倍、十倍，百分之二三十的改进型需求不足以颠覆一个市场。

我看到一些中国台湾的创业者，非常注重用户体验和产品质量，为了让服务的体验效果或者产品更好，他们会叠加超多的技术。但这样做的最大问题是，公司没法扩张。堆叠技术需要高质量的员工、更复杂的运营，而你的扩张成本和扩张速度是别人的四五分之一。最后你只能被那些做得比较糙，但是扩张速度快很多的人干掉。

比如在代驾领域，上海有一家安师傅，最早实现了类似出租车计表的规范服务，最早实现了变化。可是，对一个从来没用过代驾服务的用户来说，能用上代驾服务就很爽了，安师傅或者 e 代驾的那点儿区别对他影响不大。但是 e 代驾很快就可以扩张完，扩张完之后，安师傅做到的标准它也做到了。中国有一句俗话，叫“先圈地再优化”，就是这个道理。

但是“先圈地再优化”有一个根子里的前提条件，就是你圈的地本身是从 0 到 1 级别的，如果不是，你通过补贴砸钱，只是从 1 做到 1.2，这种圈地是没有任何意义的。

要范式简单、避免多边市场、避免跳板思维，总结下来就是一句话，避免变数和复杂性。创业公司要解决的问题，不要有太多的因素掌握在别人手里，以致不能通过自己的运营和努力改变。即使是一个双边市场，比如做美甲用户，我哪怕先雇美甲师，把提供服务的这一边搞定，再去解决用户问题。但是多边市场，就完全没法做。

很多创业者喜欢用生态系统的思维做事。可是，一个创业公司为什么要去推二维码呢？你又不是腾讯，腾讯有微信，可以把二维码推起来。创业公司想做一个局，让所有人都进来，这是绝对不可能的。

从 A 到 B 的思维方式也一样不可取，但这样做事的创业者就更多了。从 A 到 B 的思维方式就是，我真正想做的事情是 B，B 的事情才有价值；但是为了把 B 做起来，我先做 A，A 做到一定的程度就可以给 B 导流量之类的。就好像要做社区，我先做工具，把工具做完了再给社区导流量，流量导完了之后再有电商，而我真正想做的是电商。每个创业者都仔细想想自己的运营，或多或少都存在这个问题，太绕了。

创业者不能这么做有几个原因。第一，创业的每一个环节都只有 50% 做成的可能性，多绕一个环节成功率就呈数量级降低。第二，创业者做的很多事情是有时间窗口的，如果你要把 A 做成了再去做 B，有可能 A 还没做成的时候，就有别的创业公司直接抄后路把你的 B 给做掉了。

举一个例子，前几年有很多人做餐饮 CRM 软件，或者后方管理软件，他们的美好想法是先把几万个餐厅铺开，然后再把餐厅的客户挖上来，然后可以做外卖送餐。可是那几万个餐厅还没铺下来，饿了么就已经把他们想做的事情做完了。

所以，你如果有跳板思维，就要把跳板去掉。你如果想先做 A 再做 B，要么把 B 忘掉，想想只把 A 做强了是不是已经保证这是一个好公司；要么想想有没有直接做成 B 的方法。你想先做 CRM 再做餐厅外卖，是因为你没有找到直接做餐厅外卖的好方法，就算你做了 A，也不大可能转换到 B，因为你根本没有找到好的办法。

比如，你做了租房中介企业的 CRM 软件，但是如果你没有找到激励经纪人、让经纪人进行交易的有效方法，你根本不能把 CRM 软件的优势转化成二手房交易。当你真正找到那个方法之后，你也不需要之前的铺垫，直接开干就可以了。

我特别强调这个问题是因为它会发生在绝大部分创业者身上。书看到这里，大家都知道要先打一个垂直市场，然后再往下做。但是你的打法在逻辑上到底成不成立，你不妨仔细思考下，很多情况下都是自己骗自己。

垄断的最大武器是高性价比

我们要找到一个新的打法，或者说是换一种打法，至于这个打法是什么样子，各行各业都不一样。判断是不是找到了一个新的、有效的打法，可以直接从结果来看。

第一个判断标准是，跟原来的打法比，你的新打法是不是有绝对的破坏性。最大的破坏性体现在成本极大降低，就是所谓的性价比，它是最有威力的一点。

有两点需要注意。首先，这个成本是广义的，如果是一个具体的商品，用户花钱减少是提高了性价比；也有可能是原来获得服务的代价高，现在代价极大地降低。

其次，成本极大降低不代表绝对的低价。在我看来，苹果的产品很便宜。你可以去市面上找到和 MacBook Air 在设计、薄厚、重量、配置、硬盘速度上一样的 Windows 电脑，但任何一款都比 MacBook Air 贵很多，甚至某项地方还不如 MacBook Air。

低性价比有可能是把价格压得绝对低，也有可能是把原来奢侈的东西拉到正常的价格，或者用其他的方式实现。这

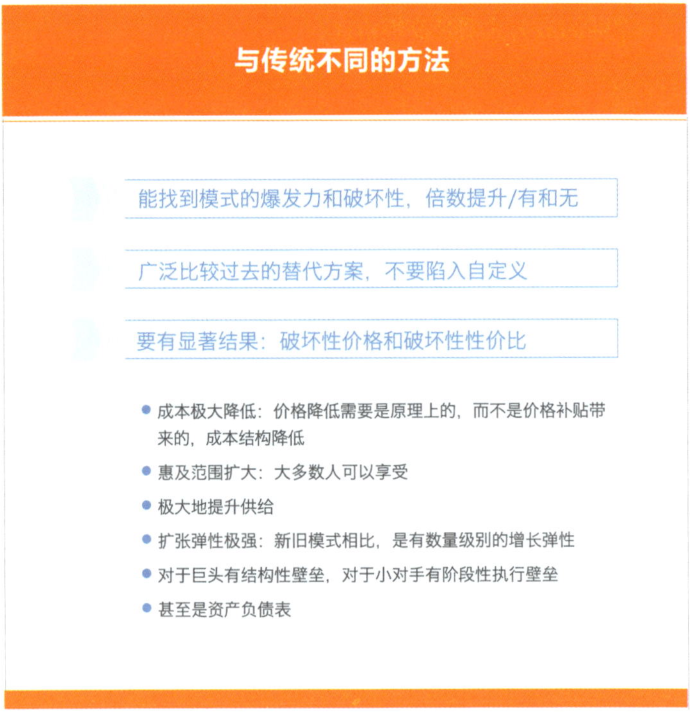

与传统不同的方法

能找到模式的爆发力和破坏性，倍数提升/有和无

广泛比较过去的替代方案，不要陷入自定义

要有显著结果：破坏性价格和破坏性性价比

- 成本极大降低：价格降低需要是原理上的，而不是价格补贴带来的，成本结构降低
- 惠及范围扩大：大多数人可以享受
- 极大地提升供给
- 扩张弹性极强：新旧模式相比，是有数量级别的增长弹性
- 对于巨头有结构性壁垒，对于小对手有阶段性执行壁垒
- 甚至是资产负债表

图 3–7

个低性价比必须是你选择的打法从理论和结构上能实现的，而不是补贴带来的。现在很多“大战”宣扬的互联网思维就是便宜，反正 VC 出钱，你买十元的东西，我补贴你十元，这不是真的便宜。

低性价比或者说便宜，必须是你的新方法和商业模式自带的。苹果的便宜来自它的规模效应，它是唯一以千万台的销量在卖的奢侈品。Uber 的便宜来自它直接省了牌照费，在旧金山，一台出租车可是要 100 万美元的牌照费。最早在二三线城市甩货的平台唯品会，现在已经不是这个原理了，但最早它的确是在卖尾货。Airbnb 更不用说了，它直接的成本结构跟连锁酒店都不一样。所以，你降低成本的方式必须来自新方法，或者是从提高效率、从资产配置、从资金等其他方面实现的，而不是由补贴带来的。

第二个判断新打法是否成立的标准是，能不能扩大惠及范围。以前因为市场的区隔、壁垒等原因，有些服务并不能到达很多的用户，你的新打法可不可以惠及更多用户。

第三个标准是，极大地提升供给。尤其是在 O2O 领域，非常有利的事情就两件，第一件是从原理上极大地降低价格，第二件是破坏性地提供供给。最有代表性的是 Airbnb 和 Uber

这两家公司，它们取胜的根本原因并不是因为降低了价格，就算 Uber 和 Airbnb 没有降低价格，它们也会因为大幅度提升供给而很厉害。

杭州整个城市总共才有 3 万辆出租车，但 Uber 专车现在已经有 6 万辆了。而且这个供给是波动的，并不是 24 小时，只需要在高峰期出现，随时可以消失，这样就能够以非常低的成本维持极大的供给。出租车的价格问题只是一方面，更多的情况下都是供给问题。

而 Airbnb 极大地提升了城市旅游景点和核心范围内的旅馆供给量，由于各种各样的原因，那些区域很难修建新的旅馆，就算价格成本能承担，但各种各样的实际限制也导致无法实现这个供给。但 Airbnb 用新的方式创造了一批全新的供给。

还有一点很重要，就是新的打法要有特别强的扩张弹性。新的模式如果只是降低价格，提高了供给，本质上没有扩张性的话，新模式的价值也有限。在很多情况下，最完美的模式并不是最好的模式，而是从理论上来说扩散性更强的模式。并非只有互联网时代是这样的，非互联网时代也是如此。比如船王游戏，你买一艘船，再把这艘船抵押出去买第二艘船，然后再去买第三艘船。又比如早期的 Best Buy 跟国美、苏宁，谁都知道买断的 Best Buy 模式从商业和长期利润来讲，才是最正确的模式；但是国美、苏宁的商业地产模式再加上加盟模式，其扩张速度是直营和买断模式没法比的。

建立应对巨头的结构化壁垒

新打法的最后一点是可复制性，或者说壁垒。我们在选择一个方法做事的时候得保证它有一定的安全性，这种打法是能建立一些壁垒的。

我经常会听到一些言论，说创业有时候要做一些难的事情，不要去做太容易的事情，因为容易的事情别人很容易复制。这里面有一个小的边界，大家首先要认清楚一件事，创业公司从根子里就做不了太难的事情，让创业公司去做特斯拉根本不可能。所以从本质上来说，创业公司做的所谓难的事情，真正的难点体现在找到那个全新的打法，找到那个点。

但一旦真的把这个事做成了，并且被市场证明了，对于别的巨头或创业公司来说复制成本并不高。所以从本质上来说，我们最好追求跟巨头的结构化壁垒。有一个可以自我安慰的方式就是，我跟巨头保持的距离远到巨头用望远镜都看不见我，但这样的例子并不多。

还有一种情况是，你跟巨头真的有结构化的壁垒。比如在操作系统领域里，Windows 已经有几百亿的年销售额，它很难自杀，然后去做开源和免费。谷歌虽然不是创业公司，但谷歌的开源系统对于 Windows 来讲属于结构化壁垒。

像这样的结构化壁垒有很多，比如早期的小米对传统的联想和华为，电商渠道就是结构化的壁垒，联想和华为很难复制电商渠道的打法。不是说它们不能做，而是做了之后等同于自杀。如果你做一件事情，没有想明白跟那些巨头的距离和结构化的壁垒是什么，那最好别做。

建立应对竞争的复制壁垒

面对其他的创业公司和同量级的竞争对手，你还要建立复制壁垒。其实，你真正要追求的壁垒，不是应对巨头的，而是应对其他创业公司、竞争对手的。这里面有许多误区，比如微创新。前几年“微创新”这个话题炒得很热，但从本质上来讲，微创新跟创业公司一点关系都没有。

微创新这个方法是靠谱的，但这是大公司可以干的事儿，是 360、腾讯可以干的事儿。别人已经做出来的东西，我比它好一点，然后通过压倒性的资源优势把它给干掉。如果是创业公司做了微创新，反而要被原来那家公司给干掉。

这种例子太多了，微信在早期还没有丰富的表情，有创业者想去做一个有更丰富表情和更多贴图的聊天软件，但是细想一下，这是微信分分钟就可以干掉的事儿。

微博特别热门的时候，有很多创业者想去做一个垂直领域的微博。如果你想要做垂直领域 XXX 的时候，仔细想一下，这是真的能建立区隔，还是只是被别人轻轻松松干掉的一件事？

还有一个创业早期的误区，即所谓的快速迭代。小步快跑和快速迭代绝对是正确的一件事，但这是有前提限制条件的。快鱼吃慢鱼，快的真正含义是什么？不是说别人工作 8 个小时，你工作 12 个小时，所以你比别人快 50%。快鱼吃慢鱼真正的含义是，你选择的打法从根子里就比别人快五倍。Airbnb 新开一个旅馆，只要几天的时间，七天连锁酒店新开一个旅馆可能要半年，七天连锁酒店的员工就算一天工作 85

个小时，也赶不上 Airbnb 的速度。所以在你已经找到最初的打法之后，你可以用快速迭代的方式迅速拉开即将抄袭你和跟你采用同样打法的对手的差距。但是你在找到那个点之前，千万别让自己落入迭代的陷阱。你要明白，你现在做的所有事情都是为了找到那个更快的方法，而不是在现在的方法里不停地迭代，最后迭代进入一个死胡同里。

还有很多的陷阱，包括所谓的用户创新、数据驱动陷阱。拼命地去市场上收集信息，拼命地去了解市场反馈，然后根据所谓的用户反馈来确定方向，这也是一个巨大的陷阱。这个做法在你找到正确的方向之后，在快速改进的时候是有用的。但是在你还没有确定方向的时候，这个做法是没有意义的。确定一个方向要靠你对整个市场和用户的理解，去找出真正的点。你获得用户反馈和初期反应只是用来验证你一开始找到的那个点或者方法是对还是错，但并不是让用户告诉你该去做什么。

还有很多的错误，比如说沉迷于低质量的增长，以及沉迷于堆叠式的增长。什么叫堆叠式的增长？这也来自精益创业的方法。我开一个餐馆，将来想做成麦当劳，为了让这个餐馆日营业额上升很多，只提供中餐已经不够了，我还提供早餐，然后发现还不够，就再增加菜品，川菜、粤菜甚至增加儿童乐园。确实，你的每一步迭代都能让你的销售额获得一定的增长，但是这些增长本质上说没有任何意义。前文已经讨论过这个问题，你去找那个点是为了满足一个单独的需求，而堆叠式的增长某种意义上是自己骗自己。看起来解决了很多人的需求，把量累积到挺高的程度，但你的模式一不可复制，二不可扩张，最后只是把全部投资和时间浪费掉了，还浪费掉了创业的黄金时间窗口。

创业还特别容易陷入另外一个误区，就是给自己定没有意义的指标。我们经常听到某某做到了日活 10 万，然后融到了 A 轮。于是在潜意识里也给自己定了个 1 万日活的目标，觉得达到这个目标就可以融 A 轮。但是，在基数很小的早期，增长很容易获得。随便做做推广，就很容易达到早期看上去很亮眼的数据。这些数字是不是具有可持续性？不一定。比如你在早期利用搜索引擎获得了 500 个用户，看上去增长很快，但是搜索引擎最多只能导入 1000 个流量，拿到这 1000 个就没有新用户了，根本没有找到正确的方法或者那个点。这个时候你获得融资，很容易按照之前的惯性继续往下冲。

作为一个创始人，我们到底该忙什么

创业实际是一个过关斩将的过程，而不是一个完美占主导的过程

我见过很多创业者，一种是创业者执行力很强，不会特别考虑战略；另一种是大公司的创业者，对长远未来看得很清楚，弱项在于执行力，常常不做或者不在乎做一点眼前实际执行细节的事。实际上最好的创业者，是介于两者之间的。

即使你想出了最完美的模式，也不见得在当下的市场环境中用得上，或不见得是实用过程中增长率最高的。比如沃尔玛的直营模式，它在生意本质、利润、消费者服务等各种角度上衡量都要比加盟制好得多。但是，当时整个中国市场都在跑马圈地，很少的投入就能加入家乐福，所以家乐福就是比沃尔玛拓展得更快、资本效率更高。

创业最大的优势——尤其在早期就是不怕死，光脚的不怕穿鞋的。但是我们做很多事情时都会顾虑已有的投入，我已经获得了 5000 个用户，已经花了那么多钱、那么多时间，所以我要继续往前冲。傅盛一开始做可牛图片也做出了流量，后来发现不对，果断地切换到他熟悉的安全的市场。后来猎豹浏览器的规模做到比较大的时候，他发现在国内浏览器市场跟 360 竞争，本质上来说没有真正的前途和出路，又果断地切换到海外市场发展。

创新工场投资的公司“要出发”在最早期的阶段挺小资的，想做一个比较贵的、针对酒店和旅行的购物行程，最后发现这种打法行不通，无论是购买频次，还是客单价都有问题，最后直接把原来的东西全扔了。第一阶段连自有流量都不做了，直接转去做周边游，并且为当时巨大的团购和网售流量供货。

51 用车的创始人之前花了很长时间做一个项目，之后他却选择彻底转型。我不评价那个转型到底对不对，但是所有创业者都要记住一件事，在早期阶段和天使阶段真正的目的是什么。一定要从自己的优势出发，切入点、打法等，这些东西没有不可以改变的。

很多人又会有新的疑问：你让我们在创业时一定要专注，但又说什么东西都可以改变，二者要如何平衡呢？其实，如果我能给出一个标准答案，那人人都能成功了。但是，这里有一些大致的基准我们可以把握。

第一，千万不要同时做四五个尝试。如果你要尝试多个方向，一次最多尝试一到两个。

第二，进行每个尝试的时候，一次性地投入足够多的资源把它给打透。因为在很多情况下你不知道某个打法好不好有两种可能性，一个可能性是它真的不好，另外一个可能性是你做得根本就不够深入，所以你压根儿不知道它好不好。这也是不要同时进行多个尝试的原因，你同时进行多个尝试，就不能保证每个尝试都能真正打透。

处在天使和 A 轮阶段的创业者，每隔一段时间都要三省吾身，想想自己真正的目标是什么。不要只是机械地陷入日常的运行中，陷入当下的市场和做法里，每隔一段时间就要深刻地思索和反省自己所有的打法。

如果易到用车在早期就重视 Uber、滴滴或者是摇摇招车的趋势，并且仔细地思索，不是被动地应战，而是提前主动杀入更大的市场的话，它就不会是现在的状况。反过来 Uber 是一个非常好的例子，它在 Uber Black 做得很好的情况下，主动杀入 UberX（Uber 里比较便宜的车型），在别人还没有挑起红海的时候，主动杀入红海。

所以创业者要时刻反省，尤其是在早期确定方向的时候。反省不代表一定要改变，有 90% 的创业者反省完了之后发现自己做的是对的，不需要变动，但别忘了时刻反省这件事。

创业有时候需要很大的坚持

这个坚持是针对大理念、大格局的坚持。人非常容易陷入自我满足的状态，很少会考虑当下做的事是否有意义、是否存在缺陷，每当发展不顺利的时候，人的第一反应并不是去反思、去否定。所以，创业者坚持的一定是大的原则方向。比如猎豹早期在国内进行的市场争夺战在本质上是不可能获胜的，后来，猎豹就转身去了国外市场。

“要出发”是创新工场投资的一家公司，最开始模仿了美国 Yes Site 的模式，想走比较高大上的路子，利用线上和线下的差价，每天在网上推几个好的出游方案，把用户聚集起来，后来发现并没有什么投机取巧的路子可走。在 2012 年，他们团队找到了周边游的方向，把“便宜”作为最鲜明的特点，提供所有旅游产品中前所未有的低价格。这个团队，是我见过的从互联网向下游转的时候最坚决和最勤奋的团队。

既然主打便宜，“要出发”的全部产品必须做到全网最低价。创始人丁根芳就带着团队去酒店谈合作，最累的时候一天要跑三个省市。直到今天，他的团队还在做这件事情，这是非常辛苦的。

网站小有起色的时候，他们面临许多选择。比如，要不要同时做流量端和产品端？如果只有产品端，流量都是从团购网站导入的，他们没有自有流量。要不要做一些毛利和客单价更高的产品？更有品质、更小资的产品？

可是美国有很多创业公司只做产品，通过卖场渠道销售，等到产品做得足够好、形成规模的时候自然就获得了用户。所以，创业者如果在做一个真正好的东西时，一定要借各种渠道，想尽各种办法，把规模跑起来。

千万不要去羡慕竞争对手或者大公司，哪怕今天的自己看起来很不好，但实际上是因为你身在局中看不太清楚，其实别人已经觉得你很牛了。继续加强自己的垂直方向，坚定不移地去加强自己的优势板块。

O2O 行业的竞争壁垒在哪里？当你做了最苦、最累的活儿，天天觉得特别累的时候，这件事情反而就成了你的护城河，成了你的壁垒。

在创业过程中，诱惑很大，各种各样新的做法和想法都会出来，但是一家公司往往成功就是在一个领域。就像“要出发”那样，既然决定把便宜、执行力作为最大特色，整个团队就要把便宜、执行力做到极致，做到别人没法比的地步。

从创业公司本质而言，必须打必胜仗

为什么创业公司必须打必赢的仗？因为创业公司在战略上要冒很大的风险，战术上每打一仗就必须赢。打仗本身就很烧钱，创业公司的钱又有限。猎豹捕捉猎物的速度很快，但它如果连续出击四五次都捕获不到食物的话，等到第七八次时就会把自己饿死，因为它每出击一次对于自身的体力都是巨大的消耗。

所以，创始人一定要想清楚这三件事：战略、资源整合和执行。

1. 战略

独立思考，定期复盘，在更高的格局认识本质。

我们的公司从哪个方向走？市场格局是什么？当前我们公司处于什么位置？大部分创业公司每天都很忙，每天都死盯一些数据，或者看其他创业者在做什么。其实更应该定期反思：大环境里的市场空间如何？自己到底如何走？创业本质是一个独立思考的过程，而且是绝对独立。

2. 资源整合

人、财务、业务，创业者要知道自己需要什么，到哪里去找这些资源，打法从哪里收集。比如雷军做小米找盟友、找合作资源，他非常清楚去哪里找，并且知道怎么找回来。

3. 执行

身为创业者应该和团队同甘共苦，从精神的角度而言，这是很有必要的。但千万不要缺哪里自己补哪里，没有快递员自己就当快递员。同甘共苦不是让创业者自己去打杂，而是要找到自己的方法论。你的团队不需要一个干杂事的老板，而需要一个找到对的方向的老板。创业者要花费足够多的时间去做1%的事情。

豌豆荚抓住了安卓市场的红利，快速转型，但是有两件事出了问题。第一个是团队的执行力，豌豆荚PC版从1.0更新到2.0时花了特别多的时间。过于追求价格的先进性和一些其他特点，导致被竞争对手追上了。

第二点是低估了竞争对手。当时是人口红利的爆发期，流量获取成本非常便宜。豌豆荚的创始人就觉得无论是建立军队般的嫡系执行系统，还是花钱做营销推广，都可以把360打下去，机会总是存在的。结果团队的执行慢了些，策略保守了一点，没有抓住最黄金的时间把360狠狠地打下去。

创业公司往往都会遇到爆发性的黄金时机，就像你打了一晚上扑克，可能也就一两次真正抓到了好牌。如果你没有在该投入资源的时候把你的全部资源投入进去，将来就会付出十倍的代价。

所有创业者要树立一个大的远景目标：每一仗都要获得更多的资源、更大的市场地位、更强的执行力、更雄厚的资本，让每一仗打得都极有意义，这一点异常重要。我见过很多在决策上很随意的创业者，只是看着竞争对手做决策，病急乱投医，并没有真正考虑如何去做。

最后的话

远远不仅限于这些问题和误区。基于大的框架和逻辑的分析，自己要有思考。

要形成一套适合自我检查的工具，时常自己复盘和思考。

不同的商业模式千差万别、瞬息万变。

图 3–8

THE FOURTH CHAPTER

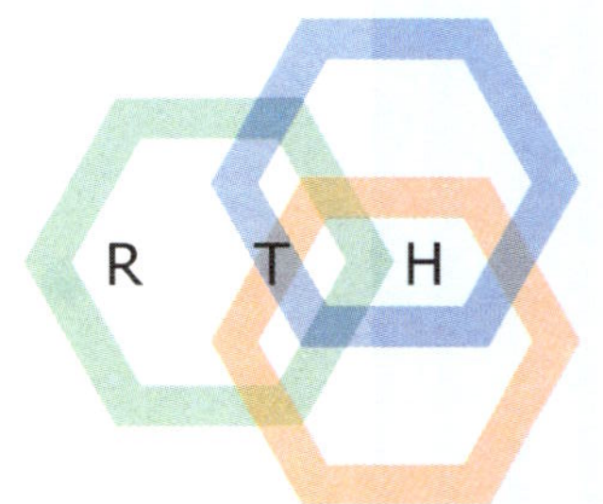

第四章

与众不同是最好的经济回报

傅　盛

与众不同的战略是从0到1的基石

战略比执行力更重要

互联网的管理或者说互联网的突围，来自找到目标、设定好路径，再把资源聚集。但问题是：怎么才会有目标呢？目标该怎么确定？如何去找路径？

猎豹上市以后，股价表现一直不太好，每次发布财报后估价都会下跌。其实猎豹的增长率都是120%~130%，但美国的投资人会质疑：我们的海外用户量是不是假的？就算猎豹有那么多用户量，我们能否建立起足够高的壁垒？中国的公司能不能做到海外的商业化？为什么猎豹能做到？这些质疑就给猎豹的前景打了很大的折扣。

我和去哪儿的联合创始人、CEO 庄辰超聊了很长时间，我给他分析："去哪儿的收入在 2015 年第四季度跟猎豹差不多，增长率还比猎豹低一些；去哪儿 2015 年亏了 12 个亿，而猎豹挣了几个亿。可是，去哪儿的市值是 60 亿美元，猎豹最近才达到 40 亿美元。"

猎豹面临这么多质疑，我为什么还要选择坚持这样的道路呢？有种说法叫"现象即规律"，当某个现象发生的时候，它背后一定存在某种规律。比如，一瓶水一定不会自己烧开，但是从量子物理的理论考虑，它是有机会发生的，只是概率太小，所以这个现象永远不会出现。创业者看到一个现象的时候，一定要学会找到现象背后的规律。不要认为某个人成功只是因为运气好，因为是富二代、有关系、会忽悠等。如果我们就这样去思考问题，就很难找到规律，规律就不能为己所用，就容易变成一个批判者而不是创业者。

所以，创业者拥有建设性的心态很重要，如果某人做强了、某件事做成了，它就代表着某种规律。我想做游戏的时候，拜访了国内很多的游戏制作人，一大部分人觉得运气很重要，大年三十要去烧香。我觉得游戏肯定不是这样做好的，腾讯、暴雪的游戏就做得很好呀，这中间一定有某种规律。尤其是连续创业者，一定要不断地提取规律。

创业者从最开始就应该知道，自己想做一家什么样的公司以及怎么做。公司的好坏就等于战略层与执行，或者战略层与组织能力，就是创始人制定一个好的战略后组织、执行得怎么样。创业者要把战略方向和执行力摆在同一个维度上思考。当公司扩大到几万人的时候，如果组织脱节，再好的战略也是实施不下去的。创业者一定要具备这种矛盾的能力，既能看大局，又能沉下去，这两者的结合很重要。

在今天的大环境下，我们通常都意识到执行很重要，方向则是我们最欠缺的地方。美国的教育背景、社会背景和国内很不一样，它鼓励个人开放性地思考。我们从小做的题目都是封闭性的，打钩选择就可以了；美国的小学生可能会做一个分析中国五千年的文化，或者纽约的空气污染这类开放性的题目——开放性题目和封闭性题目对人的思维的锻炼会完全不一样。创业者要在一个开放性的环境下找到自己的方向，而且还要有执行力，但是这两者的重要度一定不一样。绝大多数创业者都是执行力超强，这样就会在执行上花越来越多的时间。一段时间后就会发现，方向的选择被模糊了，有的时候创业者会在一个不太正确的方向上花费很多精力。创业者如何在具备执行力之后，找到一个正确的方向，这是更重要的一件事情。

我常常想，美国公司真的是靠执行力取胜的吗？其实美国公司跟中国、韩国、日本的公司比，在每一个环节的执行上都会弱一些。因特尔当年发明了内存芯片，但是当日本公司进入内存领域的时候，它发现自己竞争不过日本公司，只好放弃这个领域，选择 CPU 作为新方向。在这个新方向上，因特尔变成了全球最伟大的公司之一。所以美国公司最牛的地方是，它能找到一个很好的切入点，建立一个从 0 到 1 的基石。当然，它们在执行上并没有很差，执行力差就没有机会了，但它们用更好的方向弥补了执行上的不足。

没有高增长的战略要快速放弃

寻找业务蓝海的核心，就是找到不同点。在高速发展的时代，新市场不断地涌现，寻求不同点是最经济的回报，它比你去开两家拼价格、毛利为负数的餐馆要有机会得多。当你的竞争对手在做一些事情的时候，你要从各个方面去寻求和它不一样的突破点。

可是，即使你找到不一样的点，也很难保证第一次尝试就能成功。创业者会碰到一个困局：努力地做了创新的事情，但是没有成功。创业者应该根据什么判断，自己是应该停下来，换一个新的登陆阵地再进攻，还是继续做下去，等一段时间呢？

本质上来说，移动互联网时代变化越来越快，快速判断、快速放弃是关键。如果你在一段时间内不能达到一个高点进入自增长状态，或者在一段时间后就很难再增长了，那你可能就是出现某种问题了。虽然你选择的领域有很大潜力，甚至后来有别的公司把这件事做成了，主动放弃等于浪费一个好机会。但反过来想，某个方向的机会可能很大，但它真的适合你吗？也许正是因为你不具备在这个领域开拓的能力，所以你无法成功。

如果现实告诉你手头的项目或产品已经无法增长用户或销售额了，不管是你自身的原因，还是方向的原因，一定要把它放弃。考量是否放弃的时间不能太短，6 到 12 个月是比较合适的。

如果你还要坚持原来的方向，要么改变原来的方法，因为它有问题；要么在团队的配备上找到最关键的人。

我们习惯的思维方式是什么？风就要吹过来了，我再等一下，等风来。其实从某种意义上讲，创业公司的时间成本是消耗不起的，互联网时代，机会是最大的成本。创业者要快速调整，大方向可以不改变，但是做法一定要变。

口袋购物的王珂做了很多 App，他自己觉得都不错，但没有一款产品获得爆发性增长。后来他用内部的海豹突击队做了一个微店，增长得很快，他们就快速地迭代，到第六个月的时候，他们发展了一名关键用户，通过这名用户的推荐，微店达到一天 2000 万的交易额。所以，时间是核心的标准，能够证明你的选择到底有没有机会。

找到更高的维度，降维打击

我是想明白了这个道理，猎豹才开始走海外这条路的。我们把战略想清楚了，执行力又比竞争对手更强，那我们自然有机会取胜。但前提是，创业者一定要花很多时间去想这个战略。

在创业过程中，花时间去思考整个方向和商业模式的重要度，远远大于执行。你可能还是在执行上花更多时间，毕竟在早期创业的时候事情多而杂。但是无论你有多忙，一定要花时间去思考战略和方向，而且要培养出自己的思考模式。

以前我一直以为这个世界是线性发展的，后来发现不是的，世界是从一个维度跳到另一个维度发展的。当火发明的时候，人类跳了一次；当原子能被利用的时候，嘣咚又跳了一次。我自己在创业初期的时候，对战略、方向的思考是极少的。开会、交报告、做 PPT、找办公室……我的时间花在这些事情上，每天都很忙，每天都特别认真努力，满心都是自豪感。但是方向和战略是个很虚的概念，在脑海里像沙盘推演这样的事情做得太少，很容易就被执行带到一个原本没有发现的方向上去。这几年我的心得就是，把一个东西想清楚就是一个新维度，就能站在比别人更高的维度上，执行的时候又比别人更凶狠，这两者加在一起，你就基本上赢了。

小米在开打之前就打了一场闭门的战争，每个维度的思考都做得够深入、够扎实，市场容量、打法、切入点等，它都想清楚了。小米刚出来的时候，所有的手机厂商都笑了，笑一个没做过手机的人怎么能赢。但雷军在更高的维度上想清楚了，一旦进入手机市场就是居高临下的打击，这种打击是其他竞争对手无法承受的。

还有一点，我认为执行力也是战略的一部分，就是好的战略是不依赖于好的执行力的。创业者经常有一种错觉：我在创业，我很努力，团队里都是经验丰富、特别牛的人，我们是最好的团队。这些感觉全是错的，你们绝对不是最好的团队，你们绝对不是最有经验的人。如果在某个领域有一家大公司要跟你竞争，它绝对能招到比你更好的人。凝聚力、号召力和梦想只能团结一小部分人，而大公司用它大笔的资源能够找到更多更强的人。

我做安全软件的时候，自己在行业内已经足够有经验，但我要把整个公司或者团队的水平跟同行比较。当时的 360 蒸蒸日上，上市后迅速地成长，它实际上争取到安全软件行业除了金山、可牛外最好的人，瑞星、卡巴斯基的人全部被它争取过去了。

360 执行力也够强，我们更新一个版本，360 一两周之内就出一个新的版本。而且 360 能找到最好的设计人员，所以它每次出的版本还更漂亮。360 还可以调动宣传资源，对目标用户说自己是最先做的。这个时候我发现，在大公司全力以赴的领域里，我们是不可能跟它拼的。因此，创业者一定要丢掉自己的执行力比大公司更好的幻想，才能正确看待你的战略。

再举一个例子，米聊和微信。米聊早期在很长一段时间内是领先的，雷军有一次给我打了电话，很开心。他说微信的百度指数才一万多，而米聊已经十几万了，用户数量每周翻倍增长。小米是一家看起来很优秀的创业公司吧，当米聊用数量在翻倍增长的时候，它的服务器的连接数量也在暴增，后来服务器就瘫痪了，因为米聊没有足够的技术储备。后来雷军跑到珠海，把金山做网游的服务器调到北京，做工具开发，紧急连线。可微信有腾讯的资源做支撑，所以用户从来不会登录不上微信；可米聊在打仗打得最凶的时候，用户经常会登录不上。发布同一条消息、一张照片，微信速度快，米聊速度慢，用户选谁呢？此外，腾讯把 QQ 系列全部开放给微信，QQ 里直接有微信链接，点一下就可以安装。而且，微信的员工也不睡觉啊，创业者怎么办，还能变魔法让一天多出一些时间吗？

反过来，小米手机怎么会赢，或者说基本上会赢呢？雷军在做小米手机之前就想清楚了。对传统手机厂商来说，渠道销量占总销量的 80%、90%，手机厂商不可能把自己的渠道摧毁掉。即使传统手机厂商的渠道必须加价 50% 才卖你的产品，手机商城也得答应。如果不加这 50% 渠道就崩盘了，一年几十亿的销售额，你会让渠道崩盘吗？不可能，唯一能摧毁渠道的只有互联网公司。可当时互联网巨头 BAT 没法做手机，它们不能拿出几百人投入到这个项目里。传统手机厂商不可能毁掉渠道、BAT 不可能做手机，而传统渠道手机的毛利达到 50%，为什么手机不能像 PC 一样毛利只占百分之几呢？这几件事一想通，再加上小米的团队很强，就成就了小米手机。

差异性是小公司取胜的唯一机会

我当年做毒霸，聚集了全公司力量，在 PC 端追到 360 市场份额的三分之一，但为什么后来追不上去了？因为这件事儿 360 可以做。我以前也寄希望于 360 的执行不如我们快，所以不停地创新，包括网购敢赔，就是用户用了金山毒霸后如果丢钱了，我们赔用户现金。可是，我们推出两周后 360 就出了一样的服务，我实际上成了 360 的产品经理。那个时候我想明白了，在 360 视野之内的 PC 安全领域的任何创新，我都是打不过的，只不过对手的迭代周期比我晚两周而已。而且因为 360 看得清方向，它可以想出一些微创新，比我们做得还好。

所以我后来就选择做 Clean Master，我认为在移动工具的领域里必须全力以赴。因为当时 360 刚刚打了“3Q 大战”，开始做搜索，我就判断 360 在搜索领域要投入大量的精锐。360 的搜索模式叫流量模式，它是通过导航和浏览器带过来的大量流量完成的搜索，使得 360 的 PC 浏览器、PC 导航必须持续增加使用量才可以保证它的 PC 搜索，所以 360 必须持续投入 PC 浏览器和 PC 导航。而 360 的 PC 导航用户又是安全卫士带来的，它的安全卫士又受到 QQ 管家和我们金山的连续冲击，它在安全卫士上还得持续投入。

由于 360 掀起了搜索这场大战，所以它的精锐部队在一到两年内都得扑在搜索上，它在移动上投入的就会是第二梯队。360 在 PC 安全软件领域也持续需要投入，一方面要应对腾讯的竞争，另一方面国内用户增量大，不能放弃，至少也要派出第二梯队。基于这些考虑，我选择了国际化，就是海外这个点。360 如果要竞争海外市场，最多只能投入第三梯队。

移动客户端、国际市场之外，我选择的第三个差异化就是清理。大家都在做安全软件，没有本质的差异化，我就想，不如在安全软件旁边再开一条线，叫清理。当大部分团队都扑在安全软件、搜索、浏览器上的时候，360 就算要在海外市场做清理，也只能抽出边缘团队了。可是我能从珠海把二三十位骨干从 PC 团队直接调到北京来，立刻投入海外移动泛安全也就是清理领域上，由这二三十人做骨架，迅速形成 100 人的规模。我们当时把 PC 端的盈利全部用来支持海外市场，这个时候一年几千万甚至上亿的预算对任何一家公司都是有压力的，这几个点就保证了我们在这个战场的胜利。

战术上我还会再耍一些小花招，从来不在国内宣传我们在做海外市场了，Clean Master 连国内版都没有，就是奉行“哈巴狗”战略，坚决不咬人。所以一个小公司千万不要把自己的商业模式、战略思路讲得太清楚了。

我看过一篇写今夜特价酒店的文章，看完后就明白它的打法了——今夜特价酒店就是酒店里的奥特莱斯。然后就觉得这家公司要完蛋了，怎么能在公司规模这么小的时候就把整个战略思想讲得那么清楚呢？大公司直接找一群产品经理按照这个思路做就行了，后来携程就是这么干的嘛！一个大公司的战略动员能力是远远超出你的想象的。我们不要只看到别的创业公司在大公司面前崛起了，你要仔细想想是因为大公司太笨，还是它没有这种执行力来打你，或是因为这是它边缘的旁支业务。

创业者在思考战略时，一定要把执行这一环不虚无地细想，要把自己团队的能力、自己在什么位置、要制定怎样的方式都想清楚，用普通部队也能打胜仗才是你的价值。

我问过百度创业早期引进的几个人才，他们觉得自己的素质能力只是中等水平。我也问过马化腾同样的问题，腾讯创始时的那些元老也觉得自己只是中等。如果时光流转回 15 年前，你拿到两份 offer，一份是摩托罗拉中国或 IBM 中国的，一份是腾讯公司的，你会去哪家公司？腾讯当年也是竞争不过跨国大公司的。

但你要能够看到：在最初只有三到五个创始合作人的时候，每个人都是干将级的；可当你的团队扩大到一定规模的时候，平均素质就不一定这么强大了。所以，优秀的战略要能保证你在开战之后就已经有七分胜算了。

海报也是战略的一部分

CEO 和创始人的核心职责是一样的——战略创新。其实

CEO 和创始人最核心的目标就是不断找到那个核心的点、核心的方向，用自己的力量去完成一次创业。为什么要不断创新、再度创新呢？如果创业是一个阶段，等你的公司扩张到一定阶段的时候，你要不断地转型。

猎豹上市的时候我就在想，猎豹这家公司 80%~90% 的资本来自用户认可我的东西，而这个东西只花了 18 个月的时间制作打磨。原来在这个时代，我们能在这么短的时间内创造这样大的成绩啊！这其实不是因为我多牛，而是这个时代的特点。

会不会再过两年，我又面临相同的事情：公司 80%~90% 的资本来自我这两年内的某个重大决定。我不断思考这个问题，甚至陷入深深的恐慌，看着一波一波的浪涛潮起潮落，后来我就不断地去找这样的战略。

找到方向，再用合适的执行力去把它做出来，我觉得这是创业者、CEO 或管理者非常重要的能力。把二者结合起来，执行力其实也是战略的一部分，要把关键性的执行点作为战略考虑进去。

你一定要考虑到你的战略和你的执行是不是一致的。小米的一张海报做那么久，雷军说如果这张海报要通达几千万用户，那么这张海报就是战略的一部分。战略是从方向到执行这样直切下去的，CEO 花时间在这张海报上，就是为了确保这个战略执行下去。如果海报做得很差，用户看了几个字就看不懂了，那所有的东西就卡住了。你有没有能力做到穿透性？如果没有能力做到这个穿透性，那这件事你就不能做，因为你做了就不是好战略，好战略一定是能做下去的。

很多投资人问我为什么要先清理这个点，我心想：O2O 我不会呀，电商没搞过呀，社交是挺新鲜的，有很多激动人心的想法，但都是千亿美元的公司跟我作战啊。想了半天，还是先干老本行，找到陕甘宁根据地，这才是适合我这家公司的战略。在人心浮动、强者竞争的情况下，我只能找到这个点。我还能找什么点，做无人机吗？我也做不了啊。

靠社会化营销冲出大公司围堵

很多人说，我是一个有社会势能的人，所以创业时比一般创业者具有更多优势。其实，所谓的社会势能都是事后看到的，我早年做猎豹时在国际市场上有什么势能呢？所谓的势能应该是，俯冲的时候找到一个开阔地，就是所谓的蓝海，而你的对手还不怎么强，你可以迅速地建起一个比较强的阵地。

猎豹在国内最艰难的时候，公关上完全竞争不过 360。我对公司公关部说："不要在正面市场（杂志、报纸）打仗了。"我们把精力花在新媒体和视频上，不断在微博上制造话题，还拍了很多视频。我们拍过一个叫《回家》的微电影，实现了 500 多万次点击，还上过一次新闻。后来，我们就不停制作能在网络上传播的小视频。总之，抓住社会热点话题，不断地做营销，总有机会搭上一班车。这个成本并不高，猎豹当时就没有什么公关预算。

猎豹浏览器发布的时候，我们做了一个很酷的视频，那个视频自传播就有 100 万次。虽然我们当时没有罗永浩锤子手机发布那样高的爆发点，但今天重新开一场发布会，把视频重新播出，可能会有更好的爆点。罗老师开发布会的时候，锤子手机也只是一家创业公司，所以这件事创业公司完全可以做，而且会形成二次传播。你可能没罗老师那么高的势能，但你至少能够做到还不错。

猎豹抢票软件这件事儿是我们公关部主动发起的，做了很多社会化营销推广。后来还咬咬牙投了一次分众广告，把广告投放到铁道部家属院的电梯里，后来就被铁道部约谈了。约谈的那天晚上我们很紧张，后来想了想，这件事情很值得曝光。一曝光，话题就热起来了，大家都在讨论抢票软件到底合不合法，这就把关于一个公司的话题变成了社会化话题。

不是每个人都有这样的能力，也不是每次都能成功，但是创业者要不停地在这个点上想办法，去制造这个点。这也是为什么小米手机一开始的时候一直不打广告，如果小米依赖广告带来用户，就很容易变成一场依赖钱的游戏。创业者要像做产品一样去想这个问题，如果你认为引爆点很重要，就应该花足够多的时间，总会找到引爆点。也许你会觉得这个点没什么，但是创业就是要从一个一个点成长上去的。

在这个时代，我认为用户感知也是非常重要的，就是提前做一些营销，花一些精力。某种意义上市场和产品的重要度，我觉得可能是差不多的。我画了一个大三角，产品、PR 和渠道，这个三角很重要，这个时代你的核心任务就是在短时间内引爆人群，建立认知，然后让竞争对手来不及复制。

用目标简化管理

曾经有一位群英会的学员问过我："一个 CEO 管理的半径是有限的，公司员工数量在 50 人以下、50~100 人或 100~500 人的不同情况下，他的管理方式会有很大的变化。从管理十几、二十几个人，到管理几千人，这个过程中您的变化是什么？"

雷军有一次对金山的董事会说："我们的杀毒业务不行了，我要从外面找一个年轻人过来，这个人 30 岁，没管过大团队，他叫傅盛。"所有董事都质疑我能管好几百人的公司吗？我最多带过 70 人的团队，后来金山和可牛一合并就是 500 人，里面有巨大的文化冲突，有些冲突我完全想象不到。因为我以前没有在大公司工作过，对大公司的复杂度是没有预期的。

我想了很长时间，后来用了一个方式叫业务带管理，核心还是把业务做好，积小胜为大胜，业务做好以后就有机会去把大家统一起来，至少给大家信心。为什么长征的时候四渡赤水很重要，仔细想想四渡赤水就是来回跑嘛，但是每一次都在打小胜仗就有可能让大家认可你。

而且互联网时代的管理理论应该是被重构的，罗振宇说是自由人的联合，现在信息传递太简单、太快了，你不需要以前的非常强的层级化管理去完成管理的目标。我读《乔布斯传》的时候发现，乔布斯也认为自己管理不了很大的公司，但他做苹果的时候就找到一种方法，核心就是要把公司的业务变得尽量简单。我觉得用目标去简化管理是非常重要的，当你有一天花了很多时间在不同的产品上的时候，你就要反思这些事情是不是真的要做，如果把公司变成一个极简的构架的时候，就降低了管理的难度。如果整个公司就做一件事呢？它是不是就不太需要管理了？我们为什么要去做一个很依赖管理的公司呢？

我跟腾讯做交流的时候，觉得腾讯就是越做越薄，这是它很了不起的地方。它在 300 亿美元时的复杂程度远远超过市值 2000 亿美元的时候，它是在自己的核心点上越做越透，把所有东西都往外开放，用投资的方式完成了企业新构架的组建。这个时代越来越多的小团队自由组合和公司做更 focus 的事。大家做业务的时候，要把目标不断地简化，整个战略方向变简单，以此简化管理，这是第一个要点。

另外，当公司大了、人多了以后，我有一些方法可以供大家借鉴。我一直担心文化被稀释，公司的目标不清楚。我花了大量的时间在这方面。我们现在每一两周就会有周例会，每一个人都可以VPN接入参加，很多时候是我们在分享做产品的理念之类的东西，这样就使整个公司的目标更清楚。猎豹的整个组织构架是很弱的，就像2000人的创业公司，直到今天我们都没什么构架，几乎没有什么薪酬等级，没有一个很完善的组织构架图，因为它老变。尽管规章制度做得不好，但事实上一测试，大家对战略的理解，对公司目标的理解，对公司的信心都是非常高的。缺点就是到了基层员工那里，有些东西传递不好。

总之就是要通过互联网的思路让整个公司变得更扁平、更公开，不要担心太多的所谓保密问题，让大家都有参与感。用互联网的思路管理公司，让用户帮助你管理，这也是小米极力推崇的粉丝文化。今天猎豹的某个产品到底受不受重视，也不是傅盛说了算，如果你在Google Play上评分到不了4.5分以上，如果你的4日留存、7日留存、30日留存到不了多少个点，公司就不给你资源做推广，不给你更多的上线机会。就像一个小闭环一样，它不跟公司内部直接发生联系，它直接就面对用户了。用这样的方式可以极大地简化管理。

今天我们公司有差不多2000人了，我没有觉得我在管理上遇到了多大的瓶颈，我以前也觉得300人、500人会管不过来，其实你靠业务模式的不断简化是可以完成大团队的管理的。当然惯常的方法还可以用一些。

火车头战略三步曲

第一步：预测

定战略第一步是寻找方向，也叫预测，第二步是找到关键的破局点，第三步就是 all in，把资源围绕着它展开。

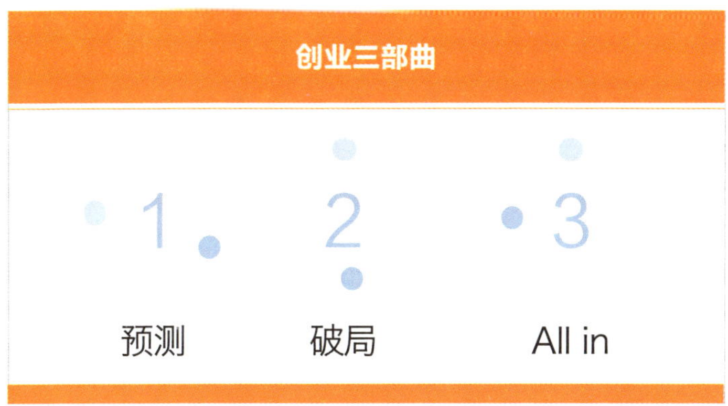

图 4-1

预测就是找到大风口，做快乐的猪。雷军是我的人生榜样，我问过很多同事一个问题："我说你们想过没有，今天的雷军 45 岁左右，是 45 岁的雷军体能好、智商高，还是 30 岁的雷军体能好、智商高？"从人类历史和人类基因学的角度来说，答案肯定是 30 岁。可为什么 30 岁的时候他做金山，做得非常痛苦，上市以后市值才三四亿美元；如今花四年时间做了个小米就估值 400 多亿美元？是因为当年的金山没有执行力吗？不，金山执行力超强。金山在那个时代进入了很多领域，包括多媒体播放、杀毒、词典、游戏、办公等，每个业务守到今天都是几十亿或百亿美元的价值。但是金山当时只值 5 亿美元，到今天也才值 40 亿美元，其中到底发生了什么？

雷军在哪些地方发生了变化，才使得他有这样巨大的转变？其中一个最重要的点，是他在 40 岁之后讲的一句话："以前是人定胜天，总觉得自己超强，过分依赖执行力，其实预测也就是找到大风口是最重要的，预测是对我们整个教育方法论的颠覆，这意味着努力未必成功。"

我去美国时就觉得很不公平：他们工作那么悠闲，为什么全世界很多伟大的发明都是美国人做出来的？我们每天都这么努力，还这么苦，为什么还被人家说抄袭？美国人和我们所受的教育不一样，和我们整个人生观都不一样。我们信奉书山有路勤为径，99% 的汗水加 1% 的灵感，但我们的思维体系中没有预测这一点。第一次看到“未来学家”四个字的时候我十分惊讶，怎么还有这样的专家呀！后来发现未来学家跟化学家也没有什么区别，一个背元素周期表，一个专门想未来会发生什么。

你不一定能够预测得多成功，但是你要多花时间去想一想。我第一次见罗辑思维罗胖的时候，他告诉我预测就是要每隔三年、五年做一个推断。这句话我当时不是很理解，现在慢慢想清楚了，就是想想未来三年、五年行业是怎样一个格局，用这个思路反过来再想今天你要干什么。

阿里巴巴上市的时候，我思考了很多，我觉得阿里巴巴上市，最成功的人不是马云而是孙正义。孙正义挣的钱比马云还多，一夜成为日本首富，但他其实不怎么干活儿，无非是在当年做了一个预测：电子商务很厉害，马云很不错，中国市场很大，这三点合在一起，给马云钱就行了。孙正义就是一个乘着时光机器的人，他的时光机器就是美国，他看到美国雅虎，就在日本搞了个日本雅虎，他看到美国 eBay，就在中国投资了阿里巴巴。可见预测有多重要。

那么，创业者要怎么预测呢？

第一是穿过未来看现在。你站到一个更高的地方，找到一条正确的路的时候，怎么走它都是正确的。路选错了，就算全力以赴、累得要死都不行。

第二是现象即规律。当你看到一件事情很不一样的时候，一定不要觉得这也没什么了不起，那也没什么了不起。滴滴打车发展得这么快，你心理上会想凭什么，但是要马上按住这种想法，去承认滴滴很牛，去思考为什么滴滴能做到？O2O 为什么成长这么快？这对我们意味着什么？在这里面我能找到什么样的机会？等等。

第三是侦察兵模式，也就是试错。派出些侦察兵，用资源换机会。在早期的时候你的资源不够多，怎么办？对早期创业者，最核心的资源就是时间资源，就是快速试错，加快迭代的周期。小步快跑的核心是什么？它本质上就是不断打怪。创业就是一个不断打怪的过程，如果你一年才发布产品，别人出手早已经升了很多级了，你一出招就被别人砍死了，连一点机会都没有。等你的公司达到一定规模的时候，你就要派侦察兵，在一些方向上做一些小组化的尝试。尝试的第一个要求是快，第二是简单，第三是自己不要花太多的时间，最后直接看结果。

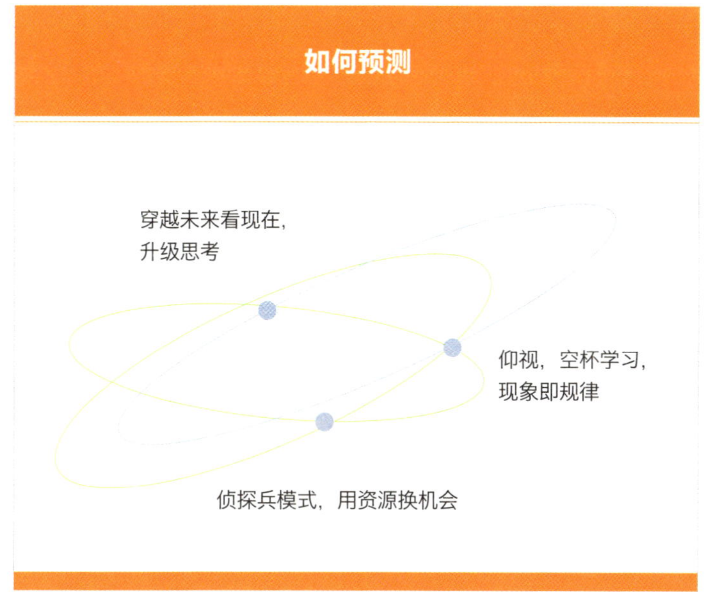

图 4-2

Clean Master 这个产品就是小团队发现的，最初只有四个人的小团队在做海外市场，后来发现开始增长了，我就决定加人投入。所以做预测要放出些侦察兵。

预测的准则我觉得就是要创造新市场，一定不要在过去的市场上纠缠。我做毒霸的时候，觉得 PC 是个好机会，它确实把公司救活了，是一条稳妥之路。但如果让我重来，我绝对不做 PC，我会从市场上融笔钱，直接杀进移动市场。猎豹为什么最后选择进入国际市场，是因为我们进移动进晚了。我们当时在做 PC，PC 是当时最大的收入来源，所以在原来的市场上花了很多的时间和精力。如果我提早两年做国际市场，一定会更强，而且避免了一场持续两年以上时间、把整个精锐全部投进去的战争。

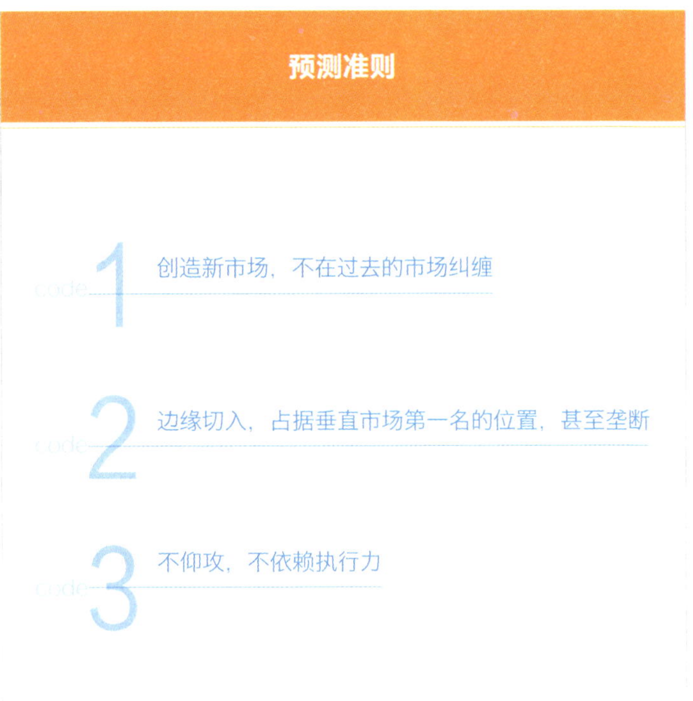

图 4–3

当你在某个价值关系网里花了很多时间后，你就会把越来越多的时间、越来越多的资源和人力都投入其中。例如，趋势科技把好多优秀的个人产品研发人员都往企业市场输送，为什么呢？因为它在个人市场不知道怎么做，而企业市场是它唯一的盈利来源，为了加强这个来源，就不停地派人过去。从管理者的角度来说，公司每年的财报增长 10%~20%，看上去当然 OK。但是从大的方向上来说，公司在过去的市场投入越来越多，然后就变成了一家传统企业。所以，不要在过去的市场纠缠。

金山当年也是这样的，为什么金山市值只有几亿美金？因为它不断地进入一个过去的市场，跟过去的巨头做斗争，这场战役短则两三年，长则五到十年，精力和资源都会不断地投入进去，但又很难打到底，进也不是，退也不是，这叫泥潭战争，一旦进入泥潭，你就变得极其痛苦。

创业一定要追求做垂直市场的第一，这个第一的意义是远远大于大家想象的。

我到金山以后知道有个词叫千年老二，就是每个领域都挺强，但是没有在任何领域拿过第一。我们出的产品如果不够好，用户评论就说“千年老二只能做这样的产品”，这对我们是多么大的侮辱啊！后来猎豹在上市的过程中受到非常多的质疑：你在中国行得通，在国外行得通吗？在 PC 端行得通，在移动端行得通吗？你怎么证明你可以做好？其实我没有办法证明，我只好写了几页 PPT 证明一下，但我心里想得很清楚：我在海外可以做第一，不管怎么样，我就是能做海外第一。你说中国公司全球化会不会有机会？中国公司全球化能不能成浪潮？这个浪潮是不是能把我吹起来？如果能成浪潮，我就在第一的位置上等着大家。

在市场上做第一才会被人记住，否则你就迅速被忘记了。我们在中国的 PC 端继续做一做，收入也不错，但是这家公司就变得没有未来。你真正变成第一以后，就可以开始从第一往下切，切出很多机会。

我可以分享猎豹内部的几个数据：2014 年 1 月向海外推出安全大师 CM Security，推出一年后，下载量达到 1 亿，推出 18 个月后，月度活跃用户超过 1 亿。这就有了第一个第一，我们还可以创造第二个第一。2014 年下半年，我们又向海外发布了一个云备份的产品叫 CM Backup，没有强力去推广已经有 7000 万的注册用户，上传的数据也很多，从用户量来讲，我们很有机会快速成为海外第一大个人云存储的提供商。

你有了一个第一，就可以创造更多个第一。我把这称为"火车头理论"，全力打造好火车头，当火车头足够快，你可以挂很多跑得一样快的车厢。如果没有这个火车头，车厢再豪华也是没用的。

第二步：破局点

但是光有预测是不够的，未来学家也未必能创业成功。当你找到了方向后，你要怎么切进去很重要。"切"这个字很好，不是排山倒海进去，排山倒海是进不去的，或者说你没有排山倒海的资源进去。所以预测完了之后就要寻找破局点，就是在这个方向上找到那一个点，那个点非常关键。

以前有一个创业者跟我聊天，他说："智能硬件有这么多点，要形成闭环，我是不是应该在这些点上都布局，光做硬件不够，还应该做软件、数据、社区。"我说："不对，如果你这么做的话，就陷入跟大公司一样的模式，你就没有找到那个破局点在哪里，你既没有那么多精力，也很难做好。"

在你没有突进的点的时候，你跟其他平庸的公司是一样的，没有机会赢。

有一个非常经典的案例，就是微信红包。腾讯以前有3000万的支付用户，就是打不动阿里巴巴的支付宝。后来出了一个微信红包，现在微信支付和支付宝日均访问量已经差不太多了，在2015年除夕那天晚上的峰值已经超过了阿里巴巴双十一的峰值。后来，支付宝为了对抗微信红包，动用了多少资源，花了多少钱，找了多少合作伙伴，依然阻挡不住这个极简破局点再次的冲击。微信红包打钱的那个界面几乎就没怎么改过，它就是极简的方式，非常好用。

这个破局点有多重要呢？这个破局点跟预测一样重要，从创业者的角度来说，这个点就是你的生死存亡之点。找不到这样的点，你就不可能切进去。但是破局点一定要配合大方向，否则切进去里面都是空的，是没意义的，一定要配合预测。

过去有个说法叫“体系带单品”，但现在流行叫“单品带体系”了。有的创始人说：“傅总，我不是产品出身，我产品做不好，可不可以介绍一个产品经理给我？”第一，我肯定不会给他介绍产品经理。我看到好的产品经理肯定会招到自己公司的，因为这样的人才全行业都是稀缺的。第二，如果你不懂产品，还不在上面花时间，你就找不到破局点，做不起来。苹果手机就是找到了破局点，然后切下去，整个行业都被改掉了。

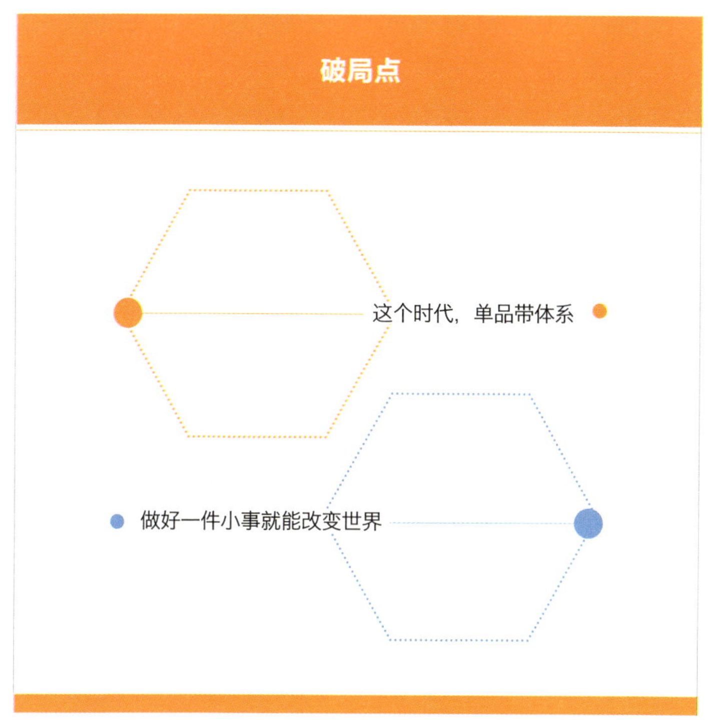

图 4–4

破局点的寻找，其实本质上就是产品形态的寻找。今天是用户为王的时代，你只要找到了用户这个点，你是可以反向把整个产业全部掀掉的。今天不是工业时代，不是制造能力为王的时代，今天是生产过剩、消费者主导的时代。当一个英语老师都可以做手机的时候，这个时代就是一个完全不同的时代了，你可以站在一个把全世界的生产能力都组织起来的点上。即便是一个英语老师，当他没有行业背景的时候，他依然有能力去组织和制造手机，就是因为他想出了一个对用户而言有用的，叫作美感也好、情怀也好、逼格也好的东西，他就可以把全球的制造能力都组织起来。为什么工业时代的企业会全部都褪色掉？因为这个时代的背景全变了。

破局点的特征就是极简、差异化、自增长。

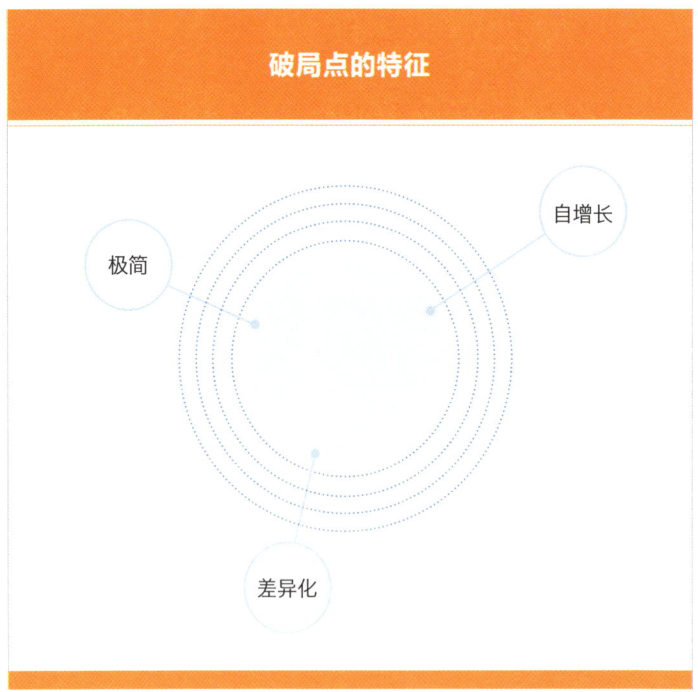

图 4–5

第一，破局点要极简到只剩一句话，如果一句话说不清楚可能就有问题。有次见到马化腾，我说微信红包做得太好了，他就给了我八个字："移动、社交、金融、游戏。"微信红包厉害在哪里，这八个字讲得非常清楚。如果没有拼手气红包，估计活跃度衰减 80%，人们都说有了红包价值观都改变了，拿到两块钱都欣喜若狂。为什么呢？因为他在游戏嘛。

我做清理软件的时候就在想，清理这个词全都听得懂，全球通用，而且这个词有深度，可以 clean memory（清理记忆），也可以 clean virus（清理病毒）。它有足够的深度，又足够简单。在这个时代被大众接受非常重要，要起简单的好名字。十年前、五年前的腾讯、新浪、搜狐、网易、金山听起来都很有逼格，但是大众永远不知道它在干什么。今天上来就是"饿了么"，这种极简化是要深入骨髓的，因为移动互联网时代的选择实在太多了，用户打开的 App 也太多了。他们需要这种简单。

我第一次用 Snapchat 的时候就觉得它很简单。打开以后是一个照相机，简单到直接拿来就拍照。我在日本见到 Snapchat 的 CEO 的时候，问他这个界面是谁设计的，他说是他自己设计的，我说他果然是值 100 亿美元的 CEO。我们拍照的时候往往要点这个、点那个，也许只要五秒钟，我们想拍摄的场景就没有了，但 Snapchat 解决了这个问题。还有就是差异化，它的极简使它和 Facebook 完全区分开了，放弃文字，只需要视频和保密。

第二，破局点一定要保证差异化。如果你做了一个东西跟别人差不多，你想靠微创新、靠比别人好一点来抢占市场，从方法论上讲你就要放弃这种妄想。

第三，破局点要能自增长，这是非常重要的。我曾经很痛苦地做了一次抉择，那时 Clean Master 是一个四五个人的团队，它在海外市场从每天几千的下载量涨到每天四五万，但是我们的电池医生每天有二三十万的下载，国内已经有 1 亿的用户了。后来我做了一个重要的决定，跟所有 VP 开了一晚上的会，要把所有的资源全部投到 Clean Master 上。其实我在之前提过一次，但是被 VP 拒绝了。我说服 VP 最重要的一点是，电池医生没有自增长，而 Clean Master 有自增长，并且我从产品角度判断它可以持续自增长。虽然现在两者用户存量差别很大，但是我要看的是新增量，看的是未来的机会。

有人会说，有的产品特点不一样，比如打车软件必须找到足够多的司机，听说滴滴的员工有时为了满足出租车司机的需要，自己去装成乘客打车，让出租车司机觉得有用户。但是经过一个初始的冷启动阶段之后，它必须有自增长，这才是互联网时代最大的魅力。如果没有自增长，就说明你没有突破。

第三步：all in

找到破局点之后就是 all in，不要有任何犹豫，应该把所有的资源尤其是你自己的资源放在这个破局点上，想尽所有的办法，一直努力到无能为力。

我前文提过要有侦察兵，不管是小步快跑、不断迭代的侦察兵，还是小组化的侦察兵都要有。但是，你要把侦察兵转化成十面埋伏。韩信打仗时没有那么强的名将，他在单兵作战上差很多，但他最后用所有的资源布了个十面埋伏，即便是项羽也突围不出去。

投资者问过我 Clean Master 的壁垒在哪里，我说从技术上讲有大数据什么的，但最重要的壁垒是在资源上。我投入了上百名工程师做 Clean Master，这个星球上你很难找到 200 人的工程师团队只做了一个轻盈的 App，所以我在这款 App 的每个点上的投入都比对手要强五到十倍。我还把能找到的所有推广资源找到，迅速让全球用户知道这个 App。我们所有高管都全力专注在这个产品上。我去过两次美国都是为了开 Clean Master 的用户见面会，去分析用户是不是喜欢我们的新版本。甚至 Google Play 上的用户评价，都有专人给予回复，阿拉伯语会有阿拉伯语的回复，日语有日语的回复，用户评论就会变成我们改善产品的意见库。

后来我们还坚决地投入资源进军海外的移动广告领域。这个事情比做 Clean Master 还痛苦，因为 Clean Master 是我们有经验的领域，只是转换战场打了一场仗，移动广告我们就完全没有经验。于是，我们先在公司内部调动资源。我每天跟同事开例会核对各种产品，找到一个破局点，在移动广告上不断切入。后来我突然意识到一个问题，移动广告对我们来说是巨大的风口。于是，我们在三个月之内收购了一家 Mobile Partner，它是 Facebook 在美国最大的广告合作伙伴，有很强的大数据分析能力。这时候我们的资源是全力以赴地往里投的。

在创业过程中，创业者每天都会特别纠结、不舍得，一分钱当成两分钱花。但是当你看见了风口，就要坚决地投入，迅速地建立领先地位，如果进入胶着状态，你花再多的钱也打不赢这场仗。这点很考验创业者，有的时候你做晚了就丧失了机会，做早了就把公司搞死了。这种叫微妙与伟大的平衡，这就是创业的难度。这个平衡难得一塌糊涂，我们有时候实在挺不住了，闭着眼睛做决定，最后真的赢了，人家说这叫运气，但事实上是某个规律使然。你正好在那个机会点，抓住了最好的时机。如果你有机会拿到一些风险投资，千万不要空烧钱，大军要按兵不动，做更多的侦察和推演，一旦发现了这样的点，就全力以赴往前冲。

现在想来，我们当初决定要把所有利润投入海外市场，其实投得还不够多。以前，海外的平均推广成本只要 0.2~0.3 美元，现在通过国内各路对手的哄抬已经是以前的两到三倍了。三年前花同样的钱可以获得三倍的用户，所以在早期坚决 all in 效率更高。

思考战略的方法：现象及规律

所有创业者从小团队向大团队走的时候，要迈过好几个坎，包括产品或者专业技能上的坎，从初期小团队游击模式迈入点面结合模式的坎。既要重视在单点上突围，也要看到更广的机会，而且要学会用资源将两者聚合在一起，不断突破自己的心理界限。不要总是在你自己的范畴内把事情想小，要有大的格局观，又要有单点突破，这是要不断锻炼自己的。

预测、破局点和 all in，核心就是“火车头”（成为某个垂直市场的第一）。互联网时代的公司就好像一台靠火车头前进的火车，创业者的本质是要找到那个火车头。当你的火车头跑得足够快的时候，你就可以在火车头后面不断地挂车厢。

猎豹是在极困难的情况下做到今天的成就，我真的要告诉大家这是血一般的创业史，能活下来是极其幸运的事。我们在极困难的情况下找方向，发现新的机会点的能力在不断地增强，雷总跟我说你一定要找到一个地方俯冲而下，我想哪有俯冲的地方啊，抬头一看不是 360 就是腾讯，连百度都参战了，我还俯冲什么，这不是苦命吗？那时候就在想，怎么办呢？我都考虑过直接杀进硬件领域了，后来发现国际化这个点，这源于我总结出来的现象即规律。

当时我们看谷歌排行榜，发现没有美国公司做 Utility（应用程序），当时美国 Utility 排行榜第三名叫 Advanced Task Killer，我们发现是哈尔滨的一个程序员做的。我们又发现美国图片排行榜里一个叫 Photo Grid 的程序不错，又找啊找，发现是杭州的一个程序员做的。这两人都没出过国。我就想，现象即规律嘛，和一个中国没有出过国的程序员相比，我不仅出过国，还有 2000 人，可以动用的战略资源是上亿人民币，我全力以赴打这场仗，难道不能排到第一去吗？想了半天我觉得这件事一定可以做到，后来就开始全力以赴了。

我们花半年时间找到了这么一个机会，实现了猎豹的一次成功转身。所以大家在创业过程中，一定要不停地做这些思考，再结合自己执行的彪悍，实现真正的崛起。

POSTSCRIPT

后记

李开复

创新工场董事长兼首席执行官

伟大的垄断者要做成三件事

2016 年年初，我带着 35 位创业者和创新工场的员工去了一趟硅谷，拜访了许多硅谷公司和高管。其中，谷歌的资深副总裁乔纳森·罗森堡（Jonathan Rosenberg）做了一个非常有智慧的分享。在这个分享中我捕捉到一个非常重要的片段：创业公司都想成为独角兽，但怎样做才能成为估值百亿美元的超级独角兽呢？

作为一个公司的创始人，如果你要做百亿美元的超级独角兽，你要做三件事情：

一、引领公司的文化和使命，

二、汇集顶尖人才，

三、让自己变得更强大。

这三件事不可以授权给团队做，是创始人自己必须要做的事。

引领公司的文化和使命

这次在硅谷，我们参观了许多伟大的公司，包括谷歌、特斯拉、Facebook 等。但是如果做一个投票，评选最让大家惊讶的公司，结果有点儿跌破眼镜，是一个貌似只做了一个网站却估值很高的公司——Airbnb。

起初我们并没想去 Airbnb，它虽然是一个估值 200 多亿美元的伟大公司，但是很多人觉得它只是在正确的时间做了正确的事情而已，很多人都能做出 Airbnb，它只是个网站而已。但是这次参观完 Airbnb，有一位创始人是这么说的："任何认为自己可以做出 Airbnb 的人，只要参观一次 Airbnb，就再也不会有任何跟这个公司竞争的念头。"为什么会有这样的结论呢？Airbnb 的技术很厉害吗？并没有。它的产品特别棒吗？好像也没有。那么是市场推广做得很好，变现做得很好吗？好像也未必。大数据运营得很好？也不是。

我们在 Airbnb 学到的最重要的东西是公司的文化。Airbnb 的文化基本上就是三个词——“Be a host（成为房子的主人）”。无论走到哪里，都希望给你归属感。所以，Airbnb 网站上的每一家房东，都不只是为了多赚点儿外快，而是精心地把自己的爱、自己的心注入到屋子里。无论是 Airbnb 的产品，还是用户住的每一个房间，都要确保所有人能够有宾至如归的感觉。

Airbnb 的公司文化是什么呢？它要求每一个员工、每一个高管、每一个房东都要尽好应尽的职责。我们去参观其他公司的时候，如果有导游，也只有一位。但是我们到了 Airbnb，他们提供了四位导游，而且这四位都是公司的员工，放下了工作的重担，带领我们参观 Airbnb。为什么有四位导游呢？因为他们觉得如果只有一位导游，后面的 30 多个人听不清楚。

Airbnb 是那么重视每一个人的体验，所以导游会走到每一个角落来解释公司上市的途径、融资的困难——创始人如何把自己的房子卖了，去租别的房子，不断地布置、尝试。我从他们的眼中看到了他们对公司和公司文化的认可，对每一位房客的珍惜，以及对我们每一个访客发自内心的关心。我相信，一个公司如果能够把公司文化贯彻到公司的每一个角落，一定会做得很好。

他们做产品的时候，会记录每一个访客的留言，了解房东哪里做得好、哪里做得不好。很多房东申请出租自己的房子，但是被拒绝，因为 Airbnb 非常重视用户的体验。

Airbnb 每年会接待一万位访客，每一位在参观后都成了它的粉丝，我们这 30 多人也是一样。

所以，“Be a host” 的文化是渗透在 Airbnb 办公室每一面墙上的。我们发现，原来情怀是驱动发展的法宝。把文化体现在公司产品服务上，让房东、租客同样享受到这种文化，并且参与其中，这一切都让我们非常感动，深深理解了这个公司会成功不是靠产品运营，而是它的文化贯彻在整个公司里面。

Airbnb 的文化适合每一个公司吗？其实未必。

我们在苹果公司感受到的会是什么文化呢？就像是进入了一个飞碟，封闭、隐秘，进去就出不来。这可能不是特别正面的评估，但是苹果的伟大也在于这一点。苹果的办公室像个封闭式的飞碟，我们下了班车，迎接我们的是警卫，警卫跟我们讲的第一句话是“请勿拍照”。直到我们走进了会议室，才可以拍照，但是里面什么都没有，只有乔布斯的照片挂在墙上。

苹果公司接待我们的人对我们特别重视，让我们这些人，每人用一分钟给苹果提一些建议。他们不是不尊敬人，而是他们认为自己是世界上最顶尖的以设计为主的公司，做的东西很容易被复制，所以必须打造一个隐秘的文化。这就是苹果的文化，乔布斯的文化。

到了特斯拉之后，我们看到的基本就是一个“科技愿景成就美国梦”的真实写照，这也是我们一位 CEO 的总结。介绍特斯拉的讲解员青筋暴突，他觉得自己的公司非常厉害，因为他们有一部 400 万吨的机器，这部机器能够在几秒钟内轧平一块铁。我们还参观了一座机器人操作的工厂。在那座工厂里，人似乎是点缀，几乎所有的工作都由机器人完成。工厂里少数的人基本都是码农，他们做的事情就是协调所有机器人。这似乎让我们看到未来的画面：机器人在做事情，人只是在编程。这样的未来其实就是科技的愿景，是非常强大的科技文化。

在 Facebook 我们看到的又是什么呢？Facebook 这个公司通过分享，让世界更开放、更紧密地连接，我们看到一个非常开放、美丽的市中心，里面有咖啡厅，有游乐厅，大家可以留言，好像把全世界每一个国家的公民都联结在一起。

从这些公司中我们看到了什么呢？硅谷不仅是一种文化，一种代表科技、开放、分享的文化，而且是非常好的土壤，基于开放、科技、分享的原则，土壤中诞生了很多不同的苗子、种子，发展了很多伟大的公司，而任何一家伟大的公司都有着独特且有情怀的文化。这是我们最后的结论，这一点和去硅谷前的感觉很不一样。

那么，到底什么是公司的使命和文化呢？如果我们仔细观察，会发现每个伟大的公司都有非常清晰的使命和文化。Airbnb 的使命就是让人能够以天下为家，它的文化就是“Be a host”，友善、好客。谷歌的使命是组织全球的信息，它的文化是自由、民主、精英。特斯拉的使命是，让汽车如自来水一样方便，它的文化是技术优势和没有不可能。

如果要打造一个价值百亿美元的公司，创始人一定要知道公司的使命和文化是什么。因为使命是公司的灵魂，是有情怀价值的，这样优秀的员工才会考虑加入你的公司。这个文化和使命一定要能够解决真的问题，能够激励员工，而不是一句套话、废话。

如果你的公司的口号是“组织全球的信息”，你会更努力工作吗？如果在微软，你会不会感觉你的工作是在改变世界？诚信、以客户为本、以用户为中心，这些话当然没有错，但是不够细腻、不够真诚。一个好的公司的领导，要真心相信自己公司的使命和文化，否则还不如没有。

如果你每天上班时老板对你说：“我们公司的文化就是用知识创造价值，让股东价值最大化。”你会相信吗？你会受到激励吗？你觉得对自己的工作有指引吗？还是你觉得都是骗人的？

好的公司文化和使命，不但可以让每个员工上班的时候受到激励，而且对他们衡量每项工作有着非常直接、细腻、客观、可评估的引导力量。比如说我们在谷歌工作，谷歌的价值观是组织全球的信息，让人人能享用。那么 Gmail 应该收费还是免费呢？我想答案就变得很简单了。如果你 20 世纪初时在福特工作，你当时的使命是让美国人人买得起车，能够看看美国的景色有多么美好。你会选择做一种非常高档的售价 10 万美元的车，还是做一种人人买得起的车呢？使命不仅仅是一种激励，这是我们在硅谷学到的非常重要的东西。

汇集顶尖人才

一旦你有了很好的公司文化，能够用文化来做什么呢？就是招揽人才。在 1998 年时我曾经提过，我们进入了信息社会，这个社会跟工业社会不一样的地方是，顶尖人才和普通人才的差异程度不再是 20%、30% 了，而是 5 倍、10 倍甚至 100 倍的差距。要找这么棒的人才，肯定要有很好的文化。因为这么顶尖、厉害的人才，是不会被两三句话忽悠的，他要看你是不是真的相信公司的使命，他在这个公司是不是可以完成改变世界的愿望。

顶尖人才到底有多厉害呢？在硅谷我们见了很多顶尖人才。第一位是马克·安德森，他创造了第一个浏览器，后来他在没有云计算的时候，做了云计算。他还做了一件很厉害的事情——开创了现在硅谷最火的 VC 公司。这样的一个人，要把他挖到你的公司去，你是给他 0.1% 的股份，还是给他 30% 的股份呢？

第二位是艾维·特凡尼安。在《乔布斯》电影里，乔布斯被苹果赶出去之后说过一句话："等艾维写好了操作系统，苹果就必须把我买回去了。"这句话说明什么呢？说明艾维有多厉害。乔布斯这个人很厉害，但是他能写操作系统吗？他不能。但是艾维可以，艾维后来成为乔布斯麾下最重要的两个人物之一。我们今天用的苹果电脑，里面的软件是艾维一个人带着团队重组、重写的。他对苹果的价值是多少呢？给他 5% 的股份多吗？给他 20% 合理吗？我想答案大家都清楚。

第三位是杰夫·迪恩，他人非常好，但他在谷歌做的第一件事情是，把之前两个创始人写的代码全部扔掉，因为那两个人是斯坦福的博士生，不是写高效产品代码的专家。如果谷歌达到上亿用户的时候，就会宕机。所以我们要感谢杰夫·迪恩写的代码，我们现在用谷歌不会宕机主要是他的功劳。但是如果你用任何云的引擎，会发现背后有一套技术叫 Hadoop。Hadoop 基本是山寨的，是一批开源软件的人山寨谷歌的几大发明——包括 MapReduce、BigTable 等，而这些东西都是杰夫·迪恩发明的。这样一个人拥有谷歌 20% 的股份会不合适吗？肯定不会。所以，我们如果能找到这样的顶尖人才，一定要给他巨大的奖励，给他放权，给他最高的经济利益，让这种人才能够加入我们。

这一批人在公司早期的时候是特别重要的，我们看到，PayPal 最早期的员工在创业后会把文化发散出去，传播到他们新创的公司。假如你今天的公司能有这么一批人才，你会不会成就伟大的事业呢？你还会坚持自己一定要拥有 90% 的股份吗？还是会给出 1%、5% 甚至 10% 的股份给这些奇才？公司只值两元钱的话，你即使有 80% 的股份也没有多大意义。

我在微软的团队中也看到非常多顶尖的奇才，微软研究院或者谷歌做得好，很大程度上是因为汇集了这一批超级厉害的能人。那么，怎样才能做好人才的管理呢？

作为创业公司 CEO，你的 30% 的时间应该花在人才身上，其他时间应该拿来树立公司的文化，让自己更强大，这三件事情应该占到你 80%~90% 的时间。因为人才是那么重要，尤其是初创期的 20 个人，所以 CEO 要拨出更多时间来找适合公司的人才。

对这些人才一定要慷慨，要把公司的股份、足够多的利益让给他们。你是要一个只值 100 万美元的公司 80% 的股份，还是要一个值 10 亿美元的公司，虽然你只占 20% 的股份？哪一个更划算，我们心里都很清楚。

随着公司壮大，你一定要非常清楚 10% 的核心员工是谁。在国外有一个说法，如果你的公司碰到了问题，大船可能要沉了，但是你还有很少的资金，能够进行二次创业；或者第一个公司没有做成，做第二个公司的时候你只有小小的救生艇，只能放10%或者5%的人在里面，这些人是谁？你必须很清楚这10%的人是谁，对他们要有相当程度的认可，要给他们很好的待遇，要了解他们想要什么，放权给他们。

谷歌、微软、苹果这三个伟大的公司都相信，一流的老板雇的是一流的人，二流的老板雇的是三流的人，所以当一个二流的人进入你的公司，你的公司就开始往三流走了。特别当创业公司以每年五倍、十倍的扩张速度发展时，这是很危险的。一流的人是有自信的，虽然你这方面比他强，但他在别的方面可能比你强。但是二流的人是没有自信的，他要找一些软弱、管得住、不敢挑战他权威的人管理，三流的人就会进入公司，那你的公司基本就没戏了。

作为一个聪明人，你想怎么被管理，就怎么去管理人。员工做了好的事情，光发钱是不够的，一定要了解员工厉害在什么地方，他做了什么别人做不出来的事情，这种理解比任何激励都重要。

另外，对员工放权也很重要。一个伟大的CEO要对公司方向有非常清晰的掌舵和把控，但是如何执行技术、产品、售后、销售、市场等，他不需要亲力亲为，应该让每个人才有非常大的发展空间。所以一个什么都要管的老板，是没有办法留住一流人才的。

这批人才如果足够强大，他们会进一步增强公司的文化。大家提到一个公司，不要只想到一个人很厉害，比如我们提到新东方文化，是俞敏洪、王强、徐小平三个人都很厉害，公司才很厉害。如果俞敏洪找了两个很平庸的人，就很难让公司的文化扩散。

让自己变得更强大

Facebook 的投资人尤里·米尔纳投资了扎克伯格（Mark Zuckerberg）、刘强东、雷军，这些价值百亿美元公司的 CEO 有什么特点？他的回答是，这些超级独角兽的 CEO 的共同特点是偏执、强大，他们绝不是四平八稳的。超级职业经理人可能既会管理，又能带大团队，既懂产品，又懂文化管理，但是他如果不够偏执、自信和强大，他做不成百亿美元的公司。

Facebook 的 CEO 扎克伯格就愿意挑战艰难问题。他每年给自己定的任务相当困难，比如说要吃肉就得自己宰杀牲畜。为了进入中国市场，他学习中文，参加清华大学经济管理学院的董事会，每年用中文做演讲，还去阅读很多关于中国和社会主义的书，比谷歌进入中国时要难十倍，但是他很努力。无论他最后是否成功，他都是强大、偏执、自信、不怕困难的。

还有个特征是“think big”，一个偏执的人是敢想得非常大的。雷军想得很大，但是谷歌想得更大。很多华尔街的人会说，谷歌之所以做Alphabet，只是为了提高股价，来削减不赚钱的业务。人们其实还看不出这个伟大的公司有多大的野心，谷歌从早期业务，尤其是搜索业务里面，提炼出一个人工智能，就像是提炼出一个大脑，你给它什么数据，加上一些认知计算，它就能解决什么问题。它并不是一个平台，但是这一套技术，再加上一批顶尖人才，可以打造出更多的伟大的公司。所以谷歌其实非常强大，Alphabet是想把谷歌现在的价值不断扩大，在各方面——医学、投资、基因检测等都打造出很棒的公司。最近我在斯坦福看到了一个毕业不久的学生，他本身想做一名教师，但是谷歌给他开出了年薪250万美元的待遇——这250万美元不是现金，而是现金+股票。谷歌为了实现目标，要垄断全世界顶尖的人才，它不希望Facebook或者微软挖到这样的人。

我们还去了Playground，这家公司要做的事情是在整个机器人和智能硬件领域再现Android的奇迹。做一款手机，以前要2亿美元，后来锤子等公司让这个数字降了很多，听说现在只要200万美元。我们看到锤子和很多其他的品牌，都用更少的钱做了出来，因为有一个标准的平台。制造机器人会不会有这一天？如果真的实现了，是不是无人驾驶、家庭机器人等各方面的应用都可以百花齐放呢？可是谁能够打造出机器人的通用平台呢？它比 Android 难很多，因为 Android 用的是标准的硬件。做机器人的话，各种各样的硬件都需要介入，而且它们的价钱需要降下来，所以这是比做 Android 难十倍的事情。但是 Playground 敢于挑战，敢于 think big。

投资人尤里为自己公司最后一轮融资融了 2 亿美元，他告诉 VC 自己要做伟大的事情，所以把融的美元全部投给了 Facebook。一个创业公司怎么可以把融的钱全部投给 Facebook 呢？但是尤里说服了 VC，他说如果我们投了 Facebook，整个俄罗斯的全球链接肯定有所改变。后来他收获了 25 倍的回报，成为全球追捧的神话。

尤里给我们讲了很多故事，包括他对偏执投资者的定义，还有他把 2 亿美元投给 Facebook 的传奇事迹。但是我们在他家中感受到，这么一个成功的创业者，带出了独角兽公司，也成了成功的投资者，但是他并没有满足于现状。他不再和朋友比较财富，也不乐于对外讲一些大话，他总是在想下一个阶段还能做什么更伟大的事情。我记得我得癌症的时候，他打电话来说："开复，我正在支持世界上最伟大的对癌症的研究，要不要我帮你？”投资界的人认为这对未来有很大意义，但他想得更大。他和霍金宣布，他们准备用纳米技术花 20 年时间寻找新地球、新生命。他要花 1 亿美元来做这个项目，让很多创业者跌破眼镜。我们最深的感触是，他取得了这么宏伟的成就，还在想有没有更伟大的事情可以做。所以创业者绝对不能把上市当作目标，因为未来还有更长的路、更伟大的路要走。

图书在版编目（CIP）数据

创业就是要细分垄断 / 李开复，汪华，傅盛著. --北京：文化发展出版社有限公司，2017.4
ISBN 978-7-5142-1624-0

Ⅰ. ①创… Ⅱ. ①李… ②汪… ③傅… Ⅲ. ①公司—企业管理 Ⅳ. ①F276.6

中国版本图书馆CIP数据核字（2017）第012003号

创业就是要细分垄断
著　　者：李开复　汪华　傅盛

责任编辑：肖润征
出版发行：文化发展出版社（北京市翠微路2 号　邮编：100036）
网　　址：www. wenhuafazhan.com
经　　销：各地新华书店
印　　刷：北京盛通印刷股份有限公司

开　　本：880mm × 1230mm　1/32
字　　数：100千字
印　　张：5.5
印　　次：2017年5月第1版　2017年5月第1次印刷
定　　价：45.00元
I S B N：978-7-5142-1624-0